U0079522

大樂文化

大樂文化

哈佛第一名的自學法

教孩子面對考試、管理時間、克服失敗的5堂課

韋秀英◎著

Contents

Contents

前言

揭開哈佛大學，培育菁英學習的秘密

我們從國中升上高中後，正式進入一生中美好又矛盾的時期——青春期。這段時期，我們會迷茫、嚮往，開始思考人生的方向。學業壓力的增加、身邊親友的期許，以及即將到來、影響力偌大的升學考試，都會讓生活變得緊張。我們究竟該如何把握高中三年的時間，讓人生不留遺憾？

哈佛大學被譽為「高等學府王冠上的寶石」，不論是學校名氣、教授陣容或學生綜合素質，都堪稱世界一流，是天下學子心中的最高殿堂。三百多年來，為商界、政界、學術界及科學界，先後培養了數以百計的世界級菁英，包括了八位美國總統、四十九位諾貝爾獎得主、三十位以上普立茲獎得主，以及美國五百家大企業中三分之二的總經理，還有各行各業裡眾多努力不懈的成功者。

舉例來說，從哈佛畢業的奇異公司（General Electric Company）前總裁傑克・

威爾許（Jack Welch）是世界最偉大的ＣＥＯ之一，從哈佛休學的比爾・蓋茲（Bill Gates）常年蟬連世界首富，都是哈佛大學正確教育方針得出的結果，也是高素質教育理念的有力證明。

誠如哈佛大學前校長詹姆斯・科南特（James Bryant Conant）所言：「大學的榮譽不在校舍和人數，而在於一代又一代學生的品質。」還有一位哈佛大學教授也說：「人才的培育與成長並不在方法，而在於觀念，並不完全依靠勤奮，而是依靠思想。」那麼，哈佛的教育究竟蘊含怎樣的智慧呢？

哈佛大學創建於一六三六年，原稱為「劍橋學院」，去過哈佛的人都知道，校園裡沒有現代化的高樓大廈。創校時只有一名教師、一間木板房和一個學院，在出生於倫敦的英國牧師約翰・哈佛（John Harvard），將自己的全部藏書和一半資產捐贈給學校後，從此改名為哈佛大學。

如今，哈佛大學擁有七十三座以新英格蘭紅磚所建、藏書逾千萬冊的圖書館。當你伴隨著晨曦走進美麗的哈佛校園時，不難發現正聚精會神、積極思考的學子，那些勤奮努力的身影堅實地寫下人生的篇章。

本書彙集哈佛大學頂級的教育理念，從人生智慧、優秀品質等多個角度，發掘豐富且行之有效的成功內涵，分析與分享哈佛大學教育的精髓，為成長中的學生提供精神養分，從而樹立菁英意識，學會在生活中正確選擇，並且鼓勵學生不斷塑造自我，為未來打下穩固的基礎。

永不向權勢低頭，但要摘帽為禮。

PART 1

為何哈佛課堂上，不教學生正確答案？

1 哈佛的第一堂課，教你學會問「為什麼」

鼓勵孩子的一句話

大學最根本的任務是追求眞理，而非追隨任何派別、時代或局部的利益。

——哈佛大學前校長 約西亞・昆西（Josiah Quincy）

在哈佛培育菁英的過程中，如果總是人云亦云、隨波逐流，而沒有說「不」的勇氣，很難有高人一等的學術造詣，以及出類拔萃的表現。對於致力培養人才和菁英的哈佛來說，僅要求學生的成績是遠遠不夠的。真正的菁英必須有質疑權威的意識、追求更高目標的決心，以及對權威說「不」的勇氣。

追求真理是哈佛的最高原則。無論是權貴還是權威，都不能阻止人們對真相的追求。**若對權威產生質疑，請在「追求真理」的旗幟下，堅持正確的道路。**在哈佛，觀點不一致是極為常見的事，因為哈佛本身就意味著思想的衝突，而衝突往往帶來激情和火花。

有人曾開玩笑說：「識別哈佛人就是看他是否為一個少數派。」有關學識的爭議永遠不嫌多，因為有爭議，才會百花齊放，這正是哈佛偉大之處。在哈佛的人才教育中，教授重視培養學生的質疑精神，通常將此理念融入自己的教學中，鼓勵學生對現有的知識提出疑問，養成勇於質疑、善於質疑的學習習慣。

美國小學的某個班級裡，老師正在說《灰姑娘》的故事。在故事說完後，老師問全班：「大家都不喜歡灰姑娘的繼母。那麼，如果你是灰姑娘的繼母，你會阻止灰姑娘去參加王子的舞會嗎？大家一定要誠實回答喲！」

有個孩子舉手回答：「如果我是灰姑娘的繼母，我也會阻止她去參加舞會。」

老師問：「為什麼？」

學生回答：「因為我不希望灰姑娘和自己的女兒競爭王后的位子。」

老師說：「我們印象中的繼母經常都不是好人，其實她只是對別人家的孩子不夠好。如果她能像愛自己的孩子一樣，愛別人家的孩子，她也會成為備受他人喜愛的好人。孩子們，最後老師再問一個問題，你們覺得這個故事有什麼不合理的地方嗎？」

學生思考好一會兒，終於有人站起來回答：

「仙女說午夜十二點以後所有的東西都會變回原樣。可是，為什麼灰姑娘的玻璃鞋卻沒有變回去呢？」

老師對著全體學生說：「太棒了！同學們，偉大的作家也有出錯的時候。沒有人十全十美，你們敢從這個經典故事中找出錯誤，表示你們是很棒的。如果你們努力學習，將來想當作家，一定會比這個作家更棒！你們相信嗎？」

勇於提出問題，有時候並非無禮，用適當的方式告訴老師，既可以幫助你更加理解所學，也是尊重老師。**盲目質疑者**在看待任何事物時，通常只要發現一點可疑之處，即完全否定該事物。**思維簡單者**常被片面思維影響。**善於質疑者**經過通盤考慮後，不放過任何可能性，既善於從枝微末節中尋求逼近真相的突破口，也善於剖開主幹直接把真相找出來。說起質疑的鼻祖，不可不提科學史上的質疑第一人——尼古拉·哥白尼（Nicolas Copernicus）。

一四九六年，哥白尼在義大利波隆那大學（University of Bologna）求學期間，時常利用課餘，與天文學教授討論托勒密《天文學大成》（*Almagest*）的錯誤，以及改良托勒密體系的可能性。這種質疑的精神使哥白尼受到激勵，立志改革天文學。經過三十年大量複雜的計算、整理後，哥白尼對太陽系的研究和認識趨於數字上的精確，手稿也逐漸臻於完善。

哥白尼從一開始就心知肚明，若發表關於太陽系結構的新觀點，將引起學術和教義兩方面的反對。因此，他年復一年地修訂手稿，且猶豫不決是否該發表。不久，他的新觀點走漏風聲，隨即引起眾議和好奇。

經過數十年後，已經衰老多病的哥白尼在朋友的勸說下，終於決定將這部手稿公諸於世。一五四三年《天體運行論》（*De revolutionibus orbium coelestium*）出版時，據說哥白尼在拿到新書幾小時後，便撒手人寰。這一年是近代科學的象徵，而哥白尼則是科學史上的質疑第一人。

質疑通常是產生創造性思維的基礎和動力，也是激發創造性思維最有效且持久的因素。世界上不存在完美的事物，因此當你對現有的權威或真理產生疑問時，不須將它埋藏在心裡，不畏質疑的精神會為你帶來奇跡。

古希臘哲學家亞里斯多德曾說：「吾愛吾師，吾更愛真理。」我們從師長、書本或經驗中學習，但絕不止步於此，對真理的愛好、對知識的渴求，是驅使人們探索未知的動力。同樣地，在課堂上提出質疑，並不是對師長不敬，而是對真理的尊重。請發揮懷疑精神和求知心，並保持這個良好的習慣，你將發現自己會收穫更多。那麼，質疑會為學習帶來什麼樣的成長與進步呢？

1. 疑是思之始，學之端

古往今來，新知總是始於質疑。質疑是追求新知的起點，也是人類文明史的演進。若沒有對自然的好奇和質疑，遑論人類科學的誕生。如果疑而不問，那麼思維的鎖鏈將分裂，獲得新知的途徑也會被斬斷。疑是思之始，學之端，有疑則有問，有問而獲知。

2. 學起於思，思源於疑

愛因斯坦曾說：「提出問題比解決問題更重要。」發現問題的契機在於深入思考，而深入思考的關鍵在於質疑。疑問的產生與深入思考是緊密相連的，能思則能疑，能疑則能思。思考愈深，提出的問題就愈有意義，而善不善於質疑，也是評量學習是否認真的依據之一。

3. 於不疑處有疑，方是進矣

一個會獨立思考、有主見、有膽量的人，能從平凡無奇的事物中提出質疑。質疑能引起關注，並誘導思考問題的根源。這樣的質疑將大大提高學習和工作的效率，個人的知識水準也會獲得提升。

4. 質疑帶來熱情

《成功學》（*Success*）雜誌創辦人奧里森・馬登（Orison Swett Marden）曾說：「一個人不管做什麼事，熱情都不可或缺。」質疑不只帶來熱情，更引導質疑者接近正確的方向。

5. 質疑帶來創新

當今科技迅速發展，培養創造型人才更為重要。學生可以透過大膽的質疑培養創新意識，也可透過質疑擺脫書本和前人的束縛，發現前人的不足之處。因循守舊、墨守成規將永遠無法超越前人，畏懼質疑將難以創新。

法國知名作家巴爾札克（Honoré de Balzac）曾說：「質疑是打開一切科學的鑰匙。」在人類歷史的長河中，沒有一成不變的真理。創造性的思維需要破除迷信，向謬誤挑戰，甚至向巨人挑戰，這是時代不停向前發展的內在動力。以前人們認為，向地球遠方發射電磁波，是完全不可能的事，但在義大利工程師馬可尼（Guglielmo

Marconi）的堅持主導下，於一九〇一年成功地在不用導線的情況下，把信號送過大西洋。正是馬可尼的質疑與反思，奠定了電子時代的基礎。

「質疑、反思、重建」這一連串的過程，是突顯「質疑價值」的公式。正如陳寅恪（注1）先生所言：「獨立之精神，自由之思想。」我們應在先賢的知識基礎上勇於質疑和反思，打造獨立思考、踏實研究、善於重建的思考模式。

注1　中國歷史、語言及文學家，與梁啟超、王國維、趙元並列為「清華大學國學院四大導師」，著有《隋唐制度淵源略論稿》、《唐代政治史述論稿》等書籍。

哈佛心理測驗

測一測你是否與眾不同？

Q1 大家一起想點子，你覺得：

A. 大腦運轉較快

B. 思維變得特別活躍

C. 非常彆扭

Q2 在你準備動手做某樣東西時，如果發現缺少一件必要材料，你會怎麼做？

A. 利用現有材料，通常能解決問題

B. 逼不得已尋找替代物，但往往會出問題

C. 取得必要材料後再繼續做

Q3 你買了需要組裝的家具，卻發現說明書不是中文，這時你最有可能：

A. 把所有零件攤開，思考該怎麼裝，通常能解決問題

B. 詢求幫助

C. 向店家索取中文說明書，否則要求退貨

Q4 你對藝術品有什麼看法？

A. 迷人　B. 有趣，但往往需要相關資料的輔助

C. 乏味，無法理解，也難以評判優劣

Q5 有人說：「人人都有一部潛在的小說可寫」，而寫小說的可能性使你感到：

A. 興奮　B. 很困難　C. 不感興趣

Q6 你想選擇回答哪種類型的問題？

A. 有多種解釋，且容易回答的問題　B. 可根據已知事實與資訊回答的問題

C. 有多種答案的問題

Q7 你最喜歡以下活動當中的哪一項？

A. 寫作　B. 讀書　C. 看電視

Q8 你身為音樂愛好者，在演奏樂器時，喜歡如何表現？

A. 與意趣相投的夥伴即興演奏　B. 模仿你聽過的樂曲，並稍作改編

C. 嚴格按樂譜演奏

Q9 如果你忽然想到一個點子，你會深入思考嗎？

A. 做相關研究，進行深度思考　B. 全神貫注，細想一會兒後就不想了

C. 認為它不值得費腦筋思考，索性置於腦後

Q10 你認為自己對創新有什麼看法？

A. 喜歡嘗試新的方法　B. 習慣按常規辦事，但若贊同對方的想法，願意給予支援

C. 淡漠，容易懈怠且隨波逐流

得分計算

選A得二分，選B得一分，選C得零分。

答案分析

17～20分：表示你很有創意和主見，喜歡接觸新事物。

13～16分：這個分數不低，多多練習後，創造力還會提高。

9～12分：你要加強努力，提高創造力。

9分以下：創造力確實非你所長。

2 「勇敢質疑」不等於叛逆，而是學習的基礎

鼓勵孩子的一句話

哈佛的學生在學習中經常互相提問、辯論、質疑，甚至批判對方的觀點。這樣的學習方式，讓學子培養出從不同視角看待問題和創新能力。

——哈佛大學甘迺迪學院 社會與經濟研究所前主任
安娜・卡拉西卡・斯洛博士（Anna Karasik-Thurow）

勇於對權威說「不」，是菁英人士必備的勇氣，哈佛大學重視學生大膽質疑的精神，但對權威說「不」也需要技巧，即不滿足於現有的認識，能重新審視、批判，並

指出缺點及弊端，再加以改進創新。

為了解開蜜蜂發聲的秘密，一位名叫聶利的小女孩把蜜蜂黏在木板上，然後用放大鏡仔細觀察一個月，終於在蜜蜂雙翅的根部，發現兩個比油菜籽還要小的黑點，每當蜜蜂鳴叫時，小黑點就會上下鼓動。

聶利為了證明自己的猜測，便用大頭針小心地捅破小黑點，蜜蜂振翅時果然不再發聲。她之後又找來一些蜜蜂，在不損傷雙翅的情況下刺破小黑點，結果這群蜜蜂在飛離時居然沒有發出一點聲音。

一年後，這位已經十二歲的小女孩，撰寫了她的科學論文〈蜜蜂並不是靠翅膀振動發聲〉。這篇論文在中國第十八屆全國青少年科技創新大賽上，榮獲優秀科技專案銀獎，以及中國科普界的最高榮譽獎項之一，高士其科普專項獎。

想解決一件事，勢必要先發現及分析問題，最後才能解決問題。但很多時候，最大的困難往往在於無法發現問題。人們容易陷入「習慣」的漩渦中，對日常生活缺乏敏感度，只將其歸類為「理所當然」的範疇內，而不多加思考，以至於沒注意到發現問題的關鍵，往往是在日常生活中大膽提出「為什麼」。

某日，味精研究製造者池田菊苗博士在喝湯時，發現湯異常鮮美，於是問夫人加了什麼調味料。夫人告訴他，湯裡除了海帶，什麼都沒加。池田心想：「明明什麼調味料都沒加，為什麼會如此鮮美？」

這個疑問使他開始思考：「湯變鮮美的原因是否在於海帶？海帶讓湯變鮮美的原因又是什麼？是因為海帶中含有某種成分嗎？」

於是，他開始分析海帶的成分，終於提煉出一種名為「谷氨酸」的物質，也就是味精的主要成分。不久後，他申請專利，開設味精工廠「味之素」（味の素），並獲得龐大的利潤。

質疑就是勇於破除陳規。我們既要尊重名人和權威，也要具備超越他們的勇氣，只有在他們的知識基礎上不斷創新，技術與科技才能不斷進步。但在質疑之前，有三點需要特別注意：

1. 質疑不是叛逆

叛逆期的青少年常會在思維上標新立異，受到強烈的自我表現欲驅使，容易為否定而否定。舉例來說，教育者經常透過代表性人物的事蹟，喚起學生對學習的熱情。然而，當這些人物被無端質疑時，不僅達不到教育效果，反而激起學生的叛逆心理。

勇於質疑不代表目空一切地叛逆，權威之所以為權威，是經過長時間的理論與實踐驗證後的結果，總有一定的可信度。在質疑權威之前，請以健康的心態和正確的態度來評判。

2. 尊重是基礎

兩百多年來，哈佛的學生從未停止質疑權威、追求真理，他們為世界的物質和精神生活，做出無法估量的貢獻。然而，他們在對權威說「不」的同時，卻不曾對真理和師長有所不敬。

無論是朋友之間的切磋，還是師生之間的往來，尊重是一切品行的體現，倘若無法尊重他人，只會暴露自己的粗魯無禮，而在追求真理的道路上，不應有無禮之人。在質疑他人時，請給予足夠的尊重，如果在課堂上對老師授課的內容有不同看法，請先發揮尊師重道的精神，再有修養地「找碴」。

3. 深思熟慮

質疑不是捕風捉影，而是在窮盡各種可能性、深思熟慮後再下結論。只會說「不」，卻不知道為什麼「不」的質疑方式，是無效且無知的。培養質疑精神的目的，在於追求真理與知識，而非暴露自己的無知。

遇到困難和複雜的事情時，如果只會閉上眼睛乾等，什麼問題也無法解決。宋朝理學家張載曾說：「在可疑而不疑者，不曾學，學則須疑。」學習是解決問題的過程，沒有「疑」的學習很難登峰造極。華羅庚是一位自學出師的教授，因為大膽質疑、不畏挑戰大師和世界頂尖疑難，而成為世界知名的數學家。

「永不向權勢低頭，但要摘帽為禮。」也許權威並不完全正確，但我們在保有質疑精神的同時，也要充分尊重權威。透過適當的方法捍衛真理的尊嚴，才能算是有修養的成功人士。

哈佛心理測驗

測一測你是不是個有修養的人。

Q1 你對待店員或服務生也很有禮貌。

Q2 你不常生氣。

Q3 如果有人讚美你，你會向對方說「謝謝」。

Q4 你從不覺得別人的尷尬不堪很有趣。

Q5 你很容易露出笑容，即使是在陌生人的面前。

Q6 你會關心別人的幸福和心情。

Q7 在談話和信件中，你不常提到自己。

Q8 你認為對一個人而言，禮貌舉足輕重。

Q9 與他人談話時，你一直很注意對方。

答案分析

大部分選「是」的人較有修養，會站在他人的角度思考，且能將心比心。

大部分選「不是」的人較自我中心，有時鋒芒太露反而招致他人怨恨。

3 如何克服東方孩子的內向？用5方法跨出第一步

鼓勵孩子的一句話

相信自己的力量，你發出的質疑之聲愈吵雜，世界會變得愈好。

——美國前副總統 艾爾・高爾（Al Gore）

在哈佛大學，教授十分歡迎學生提出自己的觀點，隨時都樂於接受他們的質疑。只要學生能夠用自己的方式證明觀點，即使最後得出的結論是錯的，對他們往後的發展仍有好處。因為在質疑的過程中，學生獲得的不只是向權威說「不」的勇氣，更多的是獨立思辨、發現問題、提出問題的能力。

愛因斯坦說：「提出問題往往比解決問題更重要。」疑而後問、問而後知，打破砂鍋問到底也是一種能力。提問與尋找答案一樣能使人進步，若要培養質疑思維，首先就要善於提問。

質疑引領我們發現真理。如果牛頓只是把落下的蘋果吃了，那麼萬有引力定律也許會推遲幾百年才被發現。然而，我們面對複雜且需要質疑的事物，經常只是感到頭昏腦脹，便搖頭放棄，這就是我們與牛頓最大的區別。

法國近代化學之父拉瓦節（Antoine-Laurent de Lavoisier）從不單純重複他人的實驗，而是加入批判，使其成為新理論的依據。拉瓦節重複了普利斯特里（Joseph Priestley）加熱氧化汞的實驗，經過反覆且精確的定量實驗後，終於發現一種氣體，並命名為「氧氣」。

為了驗證氧氣性質，他做實驗將硫、錫、鉛及有機物在氧氣中燃燒，還設計著名的鐘罩實驗及動物呼吸實驗等，成功推翻長年立於不敗的「燃素說」（注2），建立

注2　此學說為17世紀的化學理論，認為所有物質燃燒時都會產生名為「燃素」的物質，後被拉瓦節的「氧化學說」推翻。

以氧為中心的「氧化學說」。

在科學上，拉瓦節勇於批判舊規範，探索未知領域的精神始終如一。他曾改進波以耳（Robert Boyle）的金屬煅燒（注3）實驗，指出波以耳錯誤的關鍵。在水的組成實驗中，他讓氧氣和氫氣化合生成水，又使水蒸氣通過熾熱的鐵管，分解得到氧氣和氫氣，從化合與分解兩方面證明水的組成，並依此提出科學的元素觀。

另外，他首次提出質量守恆定律、合理命名化合物、分類早期元素、列出第一張元素表等。縱觀拉瓦節一生的科學活動，他始終寓偉大成就於不斷創新與求解中，所以能引領科學新時代的到來。

居里夫人（Marie Curie）是全世界唯一一位兩度獲得諾貝爾獎的女性科學家，尼爾斯・波耳（Niels Bohr）成為量子力學的奠基人之一，貝爾（Alexander Graham Bell）發明電話，這些出人意料之外的累累碩果，與勇於質疑、敢於創新的科學精神息息相關。

提出問題也是一門藝術。**不畏提問的人並不少，卻並非每個人都善於提問**。有時提問者的問題，與課堂教授的內容完全無關，以至於老師一時不知從何回答起。有時同學只是有感而發、隨意提問，連自己也不清楚為何要提出問題。有時因為同學的倉促提問、思考不周、詞不達意，導致老師無法理解問題所在，阻礙了討論的脈絡等。

那麼，在課堂上如何提問才能獲得良好效果，提高自己的提問能力？以下幾點建議，可供學子參考。

1. 確立提問目標

這能降低隨意性和盲目性，而提出的問題要圍繞主題，切記思考不要過於發散，導致偏離主題。

2. 充分準備

提問前需要充分準備，老師經常告訴學生：「思考之後再發問、實踐之後再提

注3　又稱鍛燒，為加熱金屬礦物或其他固體材料的過程，在加熱途中使材料內的某些成份熱解、相變或脫去其中揮發性的成份。

問。」實踐出真知，在學習階段，真正的學習是「做」出來，而不是「聽」出來的。透過實踐，將問題進行轉化後再提出。

3. 找準時機

恰當時機提出恰當問題，可以讓提問發揮功效，並達到事半功倍的效果。若在授課後過了很久才提問，不僅會造成老師的困擾，也會影響問題解決的效果。

4. 注意實用性

提問要注意實用性，在高中課堂上，除非你的才智遠高於常人，否則提出關於愛因斯坦「相對論」或者「黑洞理論」的問題，顯然沒有什麼實用性，也沒有太大的價值和意義。

5. 注意適量原則

注意每次提問的數量不宜過多，因為這樣不利解答，也不易消化。如果問題較多，需要注意問題之間的關聯，盡量將多個問題用同樣的線索串聯起來。

在學習之際，肯定會產生許多問題，可能是你完全不懂，或懂得不夠透徹，甚至師生皆尚未察覺的問題。無論是怎樣的疑問，適當的質疑都能產生求知欲。

但長期以來，教學過程中常忽視學生才是參與學習的主體，有意或無意地壓抑學生好問的天性，使得學生產生各種心理障礙，例如：自我否定、自卑心理、擔心受到指責、害怕遭到輕視等。

在學習和生活中，養成提問的好習慣對學生的重要性不言而喻。世界到處充斥著知識、科學及問題，學生平時應該打開眼界，養成觀察、提問、思考的習慣。

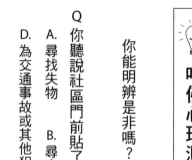

哈佛心理測驗

你能明辨是非嗎？

Q 你聽說社區門前貼了懸賞告示，獎金是十萬元，你覺得是在找什麼？

A. 尋找失物　B. 尋人啟事　C. 尋找寵物

D. 為交通事故或其他犯罪事件尋找線索

答案分析

選擇A的你很容易進入戒備狀態。如果有可疑人物出現，你會採取引人注目的防禦行動，讓大家知道你的態度。你雖然觀察力不錯，可是容易衝動行事、打草驚蛇，反而將自己的弱點洩露給對方。千萬要記住，明槍易躲，暗箭難防。

選擇B的你能識別善惡，但不隨便起疑。你能洞悉人性的複雜和險惡，但不會隨便懷疑別人，因為你有強烈的好奇心，喜歡和人相處，並相信人性有美好的一面。你練就了「和誰都能相處融洽」的功夫，能在喧鬧的人群中遊刃有餘、怡然自得。

選擇C的你過於天真善良，無法辨別人心。你是否被說過：「別人把你賣了，你還幫他數錢呢！」說真的，這是值得你好好思考的問題。因為你本性純真善良，無法辨別人心的真偽善惡，總是把所有的事情都想得很美好。

選擇D的你不但能洞悉善惡，更擁有令人畏懼的精明。此外，你的警覺性也很高，只要有點不對勁，你就會立刻注意到，很少有人能唬得住你。你精確的判斷力能迅速掌控全局，馬上就把對方的底細探得一清二楚。再聰明的騙子見到你銳利的眼睛也會畏懼。

4 當老師說的是錯的，你是囫圇吞棗還是蒐集反證資料？

鼓勵孩子的一句話

教師是教育過程中具有象徵意義的角色，是學生可以視爲榜樣，並拿來與自己比較的人物。

——哈佛心理學教授 傑羅姆・布魯納（Jerome S. Bruner）

質疑需要獨立思考的能力，若沒有獨立思考的能力，質疑也喪失意義。只有質疑加上思考才能啟發大腦，進而做出最後的判斷。

在哈佛的課堂上曾經發生以下的事。教授講述某個學術理論，並告訴學生這個理論只存在於中世紀某一時期的某個國家，但是在宗教及各方主流派的壓力下，很快就被禁止傳播，所以相關文獻很少。同學認真地記下這個稀奇的理論，並且按照教授的要求進行小組討論。

在接下來的測驗中，教授出了這道題目，大多數學生將教授在課堂上教導的理論，與小組討論的結果，反映在考卷上。但萬萬沒想到，當考卷成績發下來時，全班都得了零分。

教授解釋：「其實事情很簡單，這個理論本身就是錯的。」關於這個學術理論的一切都是教授自己編造出來。因此，學生寫下的全部都是錯誤的資訊。事實上，學生只要到圖書館查證，或者向其他教授請教，應該很容易識破。然而，全班學生竟然都對此深信不疑，沒有懷疑過這個理論的真實性。

哈佛教授透過這次的震撼教育告誡學生，不能輕信任何老師或教科書，因為人難免會犯錯，凡事要多質疑、勤於思考，千萬不要讓自己的大腦偷懶睡大覺，一旦發現老師或教科書上有什麼錯誤，都要立刻指出，並勇於提出疑問。如今，獨立思考顯得愈來愈重要，**在求知與追夢的道路上，我們應該學習培養勇於質疑的能力**。

有一天，愛迪生在路上碰見老朋友，發現他手指關節腫起來。

「你的手指怎麼腫起來了呢？」愛迪生問。

「我也不知道是什麼原因。」朋友說。

「你沒去看醫生嗎？醫生是怎麼說的？」愛迪生又追問。

「我看過好幾個醫生，但醫生的說法都不同，有醫生說這是痛風。」朋友答道。

「痛風，那是什麼病？」愛迪生又問。

「他們說，是因為尿酸淤積在關節裡。」朋友說。

「既然如此，他們為什麼不從你關節中取出尿酸呢？」愛迪生問。

「他們說尿酸不能溶解，不曉得怎麼取出。」朋友回答。

「我不相信。」這位世界聞名的科學家答道。

愛迪生抱著疑問回到實驗室，立刻開始試驗尿酸到底能否溶解。他在實驗室排好一列試管，每只試管內都注入不同的化學試劑，每種試劑中都放入尿酸結晶。過了兩天，他發現有兩種試劑中的尿酸結晶已經溶化。於是，愛迪生的新發現又問世了。如今，這項發現已經被運用於醫學，在醫治痛風中普遍受到採用。

愛迪生不斷質疑的精神，促使一項科學研究成果誕生，讓後世得以獲益。這種質疑的精神可以運用於學習，你一旦發現難題，先記下來，以備日後深入思考和多方請教。**千萬不要輕易捻熄心中質疑的火苗，因為那將是你通向成功的星星之火，相信日後必定足以燎原。**

「大疑則大進，小疑則小進，不疑則不進」，批判和懷疑扮演著推動文明發展的角色。當絕對的權力備受爭議時，社會才會進步，質疑權威也是對現實的挑戰。想要使歷史之輪運行，必須讓質疑之手不停推進。

二〇〇九年，電影《阿凡達》（*Avatar*）創下將近三十億美元的票房，然而第八十二屆奧斯卡的最佳影片獎卻頒給《危機倒數》（*The Hurt Locker*）。前者獲得世界廣大觀眾的票房支持，後者獲得世界影評人的青睞，因此這樣的結果實屬正常。《阿凡達》譜出人們對理想生活的追求嚮往，《危機倒數》則傾向批判質疑現實。

科學的進步離不開質疑精神，社會制度的發展也是如此。以古代馬雅人預言為背景的電影《二〇一二》，上映後引起全球轟動，其中菁英主義與平民主義的博弈是永恆的主題，人類幾千年的文明史上，多數人的命運經常由少數人所決定。儘管少數菁

哈佛腦力激盪

測一測你的思考活躍度。

Q1 某天，甲指責乙說謊，乙指責丙說謊，丙說甲與乙兩人都在說謊。他們三人當中，至少有一人說實話。請問到底是誰在說謊呢？

Q2 四個人正在猜測電視劇主角的年齡，實際上只有一個人說對了。

張：她不會超過二十歲。

王：她不超過二十五歲。

李：她絕對在三十歲以上。

趙：她的歲數在三十五歲以下。

A. 張說得對

B. 她的年齡在三十五歲以上

C. 趙說得對

D. 她的歲數在三十至三十五歲之間

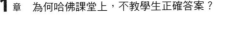

Q3 A、B、C、D四個學生參加數學競賽，賽後四人的預測名次如下：

A說：「C第一，我第三。」　B說：「我第一，D第四。」

C說：「我第三，D第二。」　D沒有說話。

最後公佈考試成績時，他們每人的預測只對了一半，請說出他們競賽的名次。

參考答案

Q1 甲在說謊。

Q2 B。

Q3 競賽排名的次序由第一到第四是：BDAC。

NOTE

優秀成績只能證明你有較高的智商，但是僅靠高分遠遠不夠，如今各行各業的領導人才當中，很多人過去的成績其實並不理想。

PART 2

考試這回事：該重視的不是分數，而是學習態度

1 哈佛入學考試不是看分數高低，而是……

鼓勵孩子的一句話

大學的榮譽，不在於它的校舍和人數，而在於一代又一代學生的品質。

——科南特

要取得哈佛的入學通知，分數並不是唯一標準。哈佛與學生之間的選擇是雙向的，校方不會只給予學生進入哈佛的機會，還會考慮學生能為哈佛貢獻什麼。想踏入哈佛殿堂，要經過一系列的程序，而以下介紹的這些程序中，分數只佔一小部分。

1. 托福成績（TOEFL）

托福是由美國教育測驗服務社（Educational Testing Service，簡稱ETS）舉辦的英語能力考試，旨在降低語言交流的障礙。托福成績是考進哈佛大學的第一關，能讀懂課本且溝通無礙，是校方對學生的語言要求。

2. 學校成績（GPA）

對於申請哈佛大學來說，在校平均成績（Grade Point Average，簡稱GPA）的作用十分有限，大多僅作為參考。

3. 社交與領導能力

為了篩選學生的人品、社會適應能力及責任感，哈佛大學將學生課外活動的表現，作為入學評價的標準之一。其實不僅是哈佛，課外表現一直是知名大學的重點評量項目，有些學校甚至將比重拉升至總體的四分之一。

4. 個人藝術或者體育特長

此項相當於國內大學招收的特招生。不管是藝術還是體育方面的特長，都可以透過作品和各項比賽成果展現。在哈佛大學，申請人的特長受到學校關注和歡迎，有時會成為評審考慮錄取與否的關鍵。

5. 推薦信與校方評價

對申請哈佛的學生來說，推薦信十分重要，因為這是他人對自己客觀和真實的評價，也是社交能力的表現。留學諮詢專家認為，如果能找到說話較有分量的名人，將大幅提升推薦信的影響力，甚至發揮一錘定音的效果。

6. 面試

不只是職場，申請學校通常也需要面試，這不僅考驗學生的知識與修養，也是磨練臨場反應和心理素質的試驗。想要成為合格的哈佛學生，除了考試或在校成績之外，還必須擁有哈佛學生的特質——積極向上、永不言棄、充滿熱情、善於合作、富有創新等核心精神。

至於該如何應對考試，哈佛的學生表示，只要平時做好以下準備，考試只是小菜一碟。也許你常覺得分數不能決定一切，或者分數對你不公平，但只要用以下的標準要求自己，你就是能夠進入哈佛的優秀學生：

1. **發現自己的特長：**鑽研自己擅長的科目，讓專長成為能為自己加分的技能。
2. **不做偏才：**不輕易放棄，因為通常決定生死的都是你不擅長的科目。
3. **多問問題：**讓思考和提問成為習慣，擺脫困擾的問題才能繼續前進。
4. **多和同學交流：**永遠不要一個人學習，共同進步能更快達到目標。

哈佛腦力激盪

你能回答下面的問題嗎？

Q 你有一桶果凍，其中有黃色、綠色、紅色三種，閉上眼睛抓取同種顏色的兩個。請問抓取多少個，就可以確定你有兩個相同顏色的果凍？

參考答案

四個。

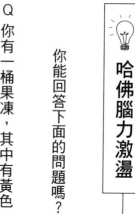

2 考不好常常是粗心惹的禍？哈佛教你6堂「細節課」

鼓勵孩子的一句話

從瑣碎的事物中可窺得無限。

——知名數學家 本華・曼德博（Benoit Mandelbrot）

在高中生涯，沉穩心細是一種習慣，也是需要修煉的重要課題。很多人在考試時都容易粗心，不是計算錯誤，就是題目沒看仔細。粗心其實不是先天個性，而是心智發育不健全的指標。

哈佛大學指出，造成粗心的原因之一，在於有些人只注重自身的智力開發，而輕忽了養成良好的學習習慣。矯正粗心能進一步發展成熟的思考模式、改善內在的心理健康。想培養沉穩細心的學習和工作習慣，需要從多管道、多方位，來克服粗心與毛躁。具體要點如下：

1. 養成認真仔細的學習習慣

無論做什麼事，都要講求細心與耐心。考試時仔細看題目，認真思考解題方法。所謂「認真」不是急於求成，而是要考慮周全，按部就班逐一完成。

也許有人會說：「我心裡明明是這樣想，但做起來總是糊裡糊塗。」實際上，這就是對自己要求不夠嚴格所造成的結果。要努力養成認真仔細、周全穩妥的做事習慣。萬事起頭難，可以從身邊的小事開始做起。

2. 培養自我教育的能力

我們一步步邁向成熟，終有一天會離開學校、踏入職場。因此，培養自我教育的能力非常重要。自我教育可以拆解成三步驟：

第一步，了解自己。

第二步，根據自身特點，訂定今後努力的方向。

第三步，養成隨時自我檢查的習慣。透過檢查，降低發生錯誤的機率。

認真檢查與嚴謹確認是細心的首要任務，也是做好一件事的關鍵環節。這項重要能力的養成，可以從檢查作業或考卷做起。檢查有多種方式，如果時間允許，就應從頭到尾或是從尾到頭仔細檢查，並及時改正錯誤，補足遺漏之處。如果時間不夠，可以只檢查重點，注意自己最容易疏忽的地方。

3. 設計好方案後再動手實行

在接到一項任務後，很多人習慣立即行動，直到遇上困難，才會停下來思考該如何改進，但是往往會發現，前面做過的步驟其實是白費功夫。

為了避免陷於被動的局面，首先要學會先思而後行，在行動前先想一想應該做什麼、需要什麼、具體該怎麼做。在設計好方案之後，才開始動手實行。例如：晚上整理書包時，應該先想想，明天需要用到哪些東西？怎麼放比較合適？而不是見到什麼就塞什麼進書包。

4. 準備一本學習訂正筆記

為了更清楚掌握自己容易疏忽哪些地方、常在哪些地方發生錯誤，可以試著記錄及訂正在作業或測驗中做錯的地方。久而久之，便可以摸清錯誤產生的規律，再根據規律改正缺點。（**學習訂正筆記範例可見左頁，空白表格可見書末附錄。**）

5. 養成多問的學習習慣

這可以從新聞行業得到印證，你是否曾想過報紙、電視和廣播的新聞是怎麼產生？有很大一部分都是被新聞記者問出來。多提問恰恰是學習過程中關鍵的要素。唯有心細好問，才能有效解決學習中遇到的問題。

學習訂正筆記

範例

科　目	地理	整理時間	2018.6.29
單　元	地理第一冊 第11章	題目來源	105年學測 社會科第49題

題目類型

- ☐ 基本題
- ☐ 常見題
- ☑ 考古題
- ☐ 難題
- ☐ 其他

題目

圖為某四個臨海都市的氣候圖，假設四都市皆有一高度相同的尖塔，在12月22日正午12:00時，四都市上空皆萬里無雲，則哪個都市的尖塔陰影最長且朝向正北？

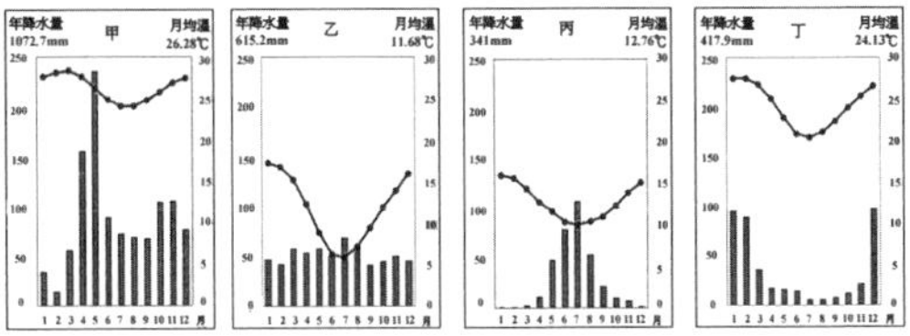

理解度

★★★★☆

答錯原因

1. 氣候類型的綜合運用不夠熟悉。
2. 氣候圖的分析有誤。

解答

12/22正午12點為冬至，太陽會直射南緯23.5度。影子若要指向北，需要在南緯23.5度以北，而且距離南緯23.5度愈遠，影子愈長。

1. 甲氣候圖均溫在25度以上，降雨豐沛，可推測是熱帶雨林氣候。
2. 乙、丙氣候圖七月溫度低、月均溫偏低，可推測為南半球溫帶氣候。
3. 丁氣候月均溫高，但降水量偏少、年溫差較大，可判斷為熱帶莽原或熱帶草原氣候。

乙與丙為南半球溫帶氣候，可知位於南緯23.5度以南，因此影子指向南。甲為熱帶雨林氣候，位於赤道，距離南緯23.5度較遠。

◎從考卷、講義或考古題中蒐集錯題，可手寫以增加印象，也可用剪貼方式儉省時間。

◎詳實寫下答錯原因，更能歸納、分析出學習不足的地方。

6. 為大腦巧妙配一幅圖畫，有助於養成細心無漏的習慣

圖畫是以分類和關聯的方式儲存資訊。利用大腦本身的記憶方法，能達到更好的學習效果。這種方式可憑藉「心智圖」實現，也就是在樹狀結構和圖像中鋪上顏色、符號和關聯項目：

步驟一：想像自己的腦細胞如同許多棵樹，在樹的每個分枝上儲存相關資訊。
步驟二：拿出一張白紙，以樹狀排列的方式，畫上欲探討項目的要點與主題。
步驟三：用一個符號代表主題，然後從主題延伸出分枝。
步驟四：用一個詞或一個符號記錄回憶的要點。
步驟五：將相關內容放到同一個分枝上，如同新的次分枝分散開來。
步驟六：盡可能畫上圖案和符號。
步驟七：完成後，用不同顏色的色筆，將每個分支框起來。
步驟八：將內容有規律地補充到每一張圖上。
（「心智圖」範例可見左頁，空白圖表可見書末附錄。）

心智圖

範例

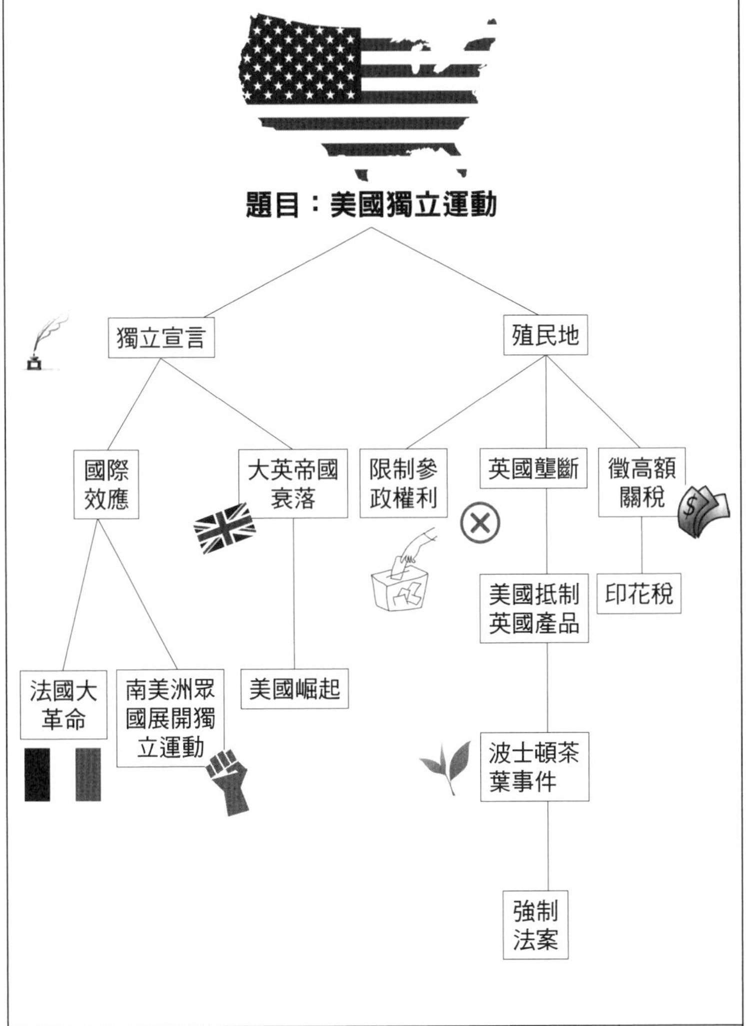

◎用圖像、分類的方式，能更快掌握學習要點，增強記憶力。

◎在學科中學到新的知識時，可以補充到自己的心智圖，就更能從概要開始了解該學科的發展。

若能遵循以上步驟，當學到更多要點時，就很容易從概要開始分析，使腦海中的圖像更加豐富、充實，而且能更快掌握學習要點，有助加強記憶力，是相當有效的學習輔助工具。

哈佛心理測驗

你是否能應對日趨激烈的競爭？

哈佛大學注重培養學生的競爭意識，因為競爭無所不在。無論在學校還是職場，你都得面對各式各樣的競爭。

以下每題都有A、B、C、D、E五個選項。A：和自己完全不符。B：某些方面符合自身情況。C：不一定。D：非常符合。E：所有方面都相符。請根據你的實際情況進行選擇。

Q1 我喜歡和別人比較成績和穿著。

Q2 我家的電器都是市面上最好的。

Q3 如果別人詢問一個我不懂的問題，為了面子我也會裝懂。

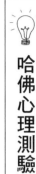

Q4 參加體育比賽是為了奪得名次。

Q5 在我面前假裝自己很在行的人令人生厭，尤其是對於我很了解的事。

Q6 我喜歡和成功者比較，並覺得自己總有一天可以超越他們。

Q7 我覺得安分無法出頭，我喜歡和別人一較高下。

Q8 面對錯綜複雜的事，競爭讓我覺得更能抓到重點。

Q9 我願意先苦後甘，取得最終勝利。

Q10 為了引起別人的注意，我願意做任何別人看不上的工作。

Q11 世界是殘酷的，適者生存、不適者淘汰。

Q12 我平時總用體力、學習效率等指標進行自我測試。

得分計算

A得一分，B得二分，C得三分，D得四分，E得五分。

答案分析

12～21分：你企圖心不強，缺乏安全感，常常逃避現實，並強烈地害怕成功。這種恐懼和焦慮，可能就是不願參與競爭的原因。你覺得，要邁開大步走在成功的大道上實屬困難。

22～34分：你總是想辦法避免和別人競爭。會有這種心態，是因為覺得沒必要辛苦地在競賽中奔跑。比起獲取成功，你更希望別人喜歡你。

35～46分：你會根據現實情況，選擇是否參與競爭。若有十足的把握，參與競爭的機率就會提高。你相當容易受到獎賞的影響，只要有足夠的報酬，就會參加競爭。

47～57分：你樂於接受挑戰、與人競爭，你開放、引人注目、企圖心強、知識豐富、有自己的見解，屬於成功導向的人。對於獲取成功有堅定的信心，願意承擔風險。對你而言，競爭是一種生活態度和難得的挑戰。

57分以上：你會為了追逐勝利而與人爭強好勝，你經常為競爭而競爭，幾乎無所不爭。對你而言，競爭的過程比競爭的理由和贏得勝利更重要。你具有鬥士性格，成功幾乎手到擒來。但是，把世界視為戰場很危險，因為你的眼裡只有戰友和敵人，沒有朋友。

3 一張學習時間表，排出你未來一年的讀書計畫

鼓勵孩子的一句話

人的難題不在於他想採取何種行動，而在於他想成爲何種人。

——著名哲學家和心理學家威廉・詹姆斯（William James）

雖然升學考試只是人生的一小部分，但是注定要經歷升學考的學子，也不能忽視考試的時間規劃。每個哈佛人都知道，時間是唯一不能浪費的東西。對處於花樣年華的學生而言，時間如白駒過隙、轉瞬即逝，必須合理運用珍貴的光陰，努力提升自己。

哈佛學子在日常的生活和學習中，非常講究時間的利用。哈佛人認為，充分把握時間，就能運用得淋漓盡致。我們該如何珍惜時間，把握每一寸光陰呢？

1. **養成制定計劃的習慣：**透過制定計劃的習慣，提高時間的利用率。
2. **今日事今日畢：**養成不拖延的習慣，提前制定學習計畫，並確實執行。
3. **不要花費過多的時間在一件事情上：**避免耽誤其他事情的進行，顧此失彼。

為大考做一張時間規劃表，對即將要踏上戰場的同學來說至關重要。合理規劃時間並確實執行，有助於提升學習。大考的時間規劃，在高三總複習階段時，佔有關鍵地位。以下是一張根據階段性特點制定的時間規劃表，可以供眾多學生參考。

中國高考時間規劃表

時間節點	複習階段	重點目標	持續時間
8—9 月	第一輪：整理學習思路	回顧高中所學知識，要自己學過什麼，學到了什麼。	60 天
10 月	第一輪：整理知識點和知識體系（一）	整理所有知識點，落實確定的學習思路。	30 天
11—12 月	（自主招生）有意參加自主招生的同學，需要做好準備	高三第一學期即將結束，整理好知識架構。	60 天
1 月	第一輪：整理知識點和知識體系（二）	根據自身情況，確立自己的知識體系。	30 天
2 月	第一輪：高考壓軸題	鞏固基本複習成果，提升複習難度。	30 天
3—4 月	高考第一次模擬考		
	第二輪：強化訓練	熟悉經典的解題方法，舉一反三。	60 天
5 月	高考第二次模擬考		
	第三輪：調整訓練	全面修正易錯題，培養高考的感覺。	30 天
6 月	高考	保持平常心，積極備考。	

註：由作者韋秀英製作。時間分配以中國大陸高考（普通高等學校招生全國統一考試）爲依據。台灣版本可見下頁。

台灣升學考試時間規劃表

時間	複習階段	招生 重要日程	重點目標	持續 時間
8—9 月	整理學習思路	學測模考	回顧高中所學知識，自己學過什麼，學到了什麼。	60 天
10 月	製作讀書計畫，並確實執行	第一次英聽測驗	梳理高中三年來的知識點，落實確定的學習思路。	30 天
11—12 月	理解所學知識，並能掌握重點與融會貫通	第二次英聽測驗、學測模考	調整生活作息，維持身心的最佳狀態，高三上學期即將結束，整理統整三年所學。	60 天
1 月		學測	積極備考。	
2 月	檢討學測試題，並複習學測考試範圍。	繁星甄選	適當放鬆身心緊繃壓力。欲申請個人申請者，可開始準備備審資料。	30 天
3 月	一模考試範圍	指考一模	收心，朝下階段邁進	30 天
4 月	高三下所學新知	個人申請面試週	熟悉經典解題方法，舉一反三。	30 天
5 月	二模考試範圍	指考二模	以鞏固基礎為前提，逐步提升複習難度。	30 天
6 月	理解所學的知識點，並能掌握重點與融會貫通		修正易錯題，將作息調整為應試模式。	30 天
7 月		指考	積極備考。	

註：由編輯部製作。時間分配以台灣學測及指考時間爲依據，僅供參考。

以上是較為籠統的時間規劃表，下面根據健康的時間運用，提供學子具體的時刻規劃。各位同學可以依自身情況和習慣調整。

1. 八點到九點

早晨大腦較為清醒靈活，可以利用這段時間做一些記憶性的學習。例如：背誦英語單字、文科知識等。

2. 九點到十一點

這段時間的思維比較清晰，可以從事需要消耗較多腦力的邏輯性學習，例如：數學、理科等。

3. 十二點到下午二點

用餐、休息。身體是一切的本錢，學習不能廢寢忘食，一定要注意適當的休息。

4. 下午二點到下午四點

這段時間的理解、分析能力比較強，可以做些分析性的題目，例如：閱讀理解、詩詞鑑賞等。

5. 傍晚七點到晚上九點

晚上是檢討的時間，可以匯總整理易錯題，並作為重點解決對象一一攻破。

6. 晚上九點到晚上十點

睡前是歸納的時間，整理一天的學習情況，為第二天的努力做準備。

哈佛心理測驗

測一測你的時間觀念。

Q 放學回家，你發現窗戶被人砸破，房間亂成一團，看來是被小偷光顧了。在警察來之前，你會做什麼？

1. 在等待的同時，檢查家裡有沒有掉了什麼東西。
2. 不管有沒有掉東西，先想辦法讓自己冷靜下來。
3. 在屋裡來回走動，焦急地等待警察到來。

答案分析

選擇1的你時間感較強，能夠妥善利用時間。不過，你通常只相信時鐘上的時間，而不相信自己的生理時鐘，因此時間對你而言是非常單調的東西。

選擇2的你十分重視自己的生理時鐘，時間知覺敏銳。在你看來，時鐘是可有可無的東西，因為你不用看錶也知道大概的時間，而且早晨不用鬧鐘就能準時起床。

選擇3的你根據不同的情況，有不同的時間感，因為環境或心理因素會影響你對時間的感受。例如：同樣是一個小時，在做喜歡的事情時，會過得很快，而在做不喜歡的事情時，會過得很慢。

4 怎樣跳脫成績框架，反思升學考試的實質意義？

鼓勵孩子的一句話

仰望星空，腳踏實地。

——美國前總統 狄奧多・羅斯福（Theodore Roosevelt）

在人生旅程中，你會以到達目的地為主要目標，卻忽略旅途中的山水，還是邊走邊享受過程中的水秀山明，一路上接收各種驚喜？

升學考試和人生旅途一樣，結果固然重要，經歷與體驗更加重要。即使在考試中不幸失利，一份值得汲取的經歷仍深深刻在人生的時間軸上。錯過這個寶貴的經驗，豈不可惜？有人說，沒經歷過升學考的人生不是完整的。那麼，參與升學考有什麼意義呢？

1. 提高競爭意識

追求夢想的途中，只有提高競爭意識、積極進取，才能在這個競爭激烈的時代找到一席之地。幾萬人共同競爭的升學考試，可以充分培養和提高學生的競爭意識。競爭使人進步，同時也提醒學生，若不想被別人甩在後面，就不得不努力進取。不服輸的氣勢讓人永不氣餒。

2. 激發奮鬥的雄心

升學考試是一次改變人生的機會。學生第一次面臨重大選擇和考驗難免會激動、緊張。多年來，家長和老師都反覆叮嚀：好好學習，考上好大學。在如此巨大的考驗面前，無論心中產生的是緊張還是興奮，都能激起學生的鬥志。只要竭盡全力奮鬥過，不管最後是否考上心目中的第一志願，都是一種精彩。

3. 磨練心理素質

哈佛在教育廣大學子時，總結出一個道理：心態決定成敗，良好的心理素質是成功的基本保證。考試雖然不是人生的全部，卻能讓學生感受到掌握命運的實感。面對如此大的壓力和負擔，學生的心理承受能力也受到嚴峻考驗，若能經得住考驗，就得到充分的磨練與成長。

4. 反思遠比考試本身更有意義

升學考試是探尋內心的好機會。自己是什麼樣的人？將來想成為什麼樣的人？什麼方法可以達成目的？深入心靈深處，探索自己內心最真實的答案，今後的人生路會走得更加坦率自然、心安理得。

《哈佛女孩劉亦婷》一書中提到，升學考試是難得的人生體驗，可以從這場特別的體驗中得到收穫。希望大家能夠調整好心態，積極面對這一場絕無僅有的盛宴。

哈佛心理測驗

測一測你是否具有良好的心理適應能力？

積極心理學是哈佛最熱門的科目之一，多數哈佛學生認為該學科能增強心理適應能力、改善生活品質。面對複雜多變、競爭激烈的社會環境，想獲得更充分的生存與發展，就要具備較強的適應能力。透過以下測試，了解自己的適應能力吧！

Q1 當一件重要的東西不見時，你會怎麼做？

A. 開始地毯式搜索　B. 把可能的地方找一遍　C. 鎮靜回想可能放在哪裡

Q2 急著上課，半路卻遇到塞車，你感到急躁不安嗎？

A. 會　B. 不會　C. 設想老師能體諒你不得已而遲到

Q3 收到學校教務處的信，你會怎麼做？

A. 裝作沒看到　B. 推給其他人處理　C. 自己弄清緣由

Q4 你向來用水性筆寫字，現在要你改用鋼筆書寫，你感到不習慣嗎？

A. 會　B. 有點不順手　C. 沒什麼差別

Q5 你在大會上演說，與在教室裡講話相比：

A. 遜色多了　B. 不一定　C. 沒什麼差別

Q6 聚會時發覺現場全是陌生面孔，你感到尷尬嗎？

A. 會　B. 剛開始不自在，但能相談甚歡　C. 積極加入

Q7 到了交作業的最後期限，你的表現如何？

A. 錯誤百出　B. 盡量維持正確度　C. 更有效率

Q8 剛與人唇槍舌劍，你會被影響嗎？

A. 會，工作效率大減
B. 轉移注意力，卻難免出神
C. 不受影響，專心工作

Q9 去外地實習，你會失眠嗎？

A. 和在家沒差別
B. 有時會失眠
C. 經常失眠

Q10 分班之後，儘管你很努力念書，卻沒有以前的效率高嗎？

A. 是
B. 不一定
C. 不是

Q11 學校的行事曆做了調整，你覺得不習慣嗎？

A. 會，長時間感到紊亂
B. 剛開始不習慣
C. 不會，很快就習慣了

Q12 和朋友約好喝咖啡，他卻說不能來，你會怎麼做？

A. 總在想這件事
B. 打電話約其他朋友
C. 既來之則安之，自己喝

Q13 你正在看書，外面突然很嘈雜，你會分心嗎？

A. 會　B. 看吵鬧的程度　C. 只要不是跟我吵，照讀不誤

得分計算

A得五分，B得三分，C得一分

答案分析

15～24分：適應性強，遊刃有餘。

25～47分：適應性中等，事物的變化不會使你失去平衡。

48～65分：適應能力差，不習慣世界的變化、生活的摩擦。

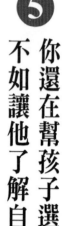

5 你還在幫孩子選科系？不如讓他了解自己並規劃目標

鼓勵孩子的一句話

一個沒有自知之明的人，無論何時，總會有無數的坎坷與障礙等待著他。

——著名思想家 拉爾夫・沃爾多・愛默生（Ralph Waldo Emerson）

每個人都有屬於自己的夢想，但不是每個人都能實現。在追求夢想的路上，有人迷失在茂密的森林不知道該往何處去，有人艱難地爬到半山腰卻半途而廢。在茫茫人生路上，如何才能實現自己的夢想呢？

有研究發現，人們之所以一事無成或是自暴自棄，大多是因為不夠了解自己。很多人不知道自己擅長什麼、想要什麼。在追求夢想和成功的途中，有的人打從一開始就選錯路。

如果方向錯了，比起毫無目的地前進，不如停下腳步。不管你正在做什麼、以後想要做什麼，首要之急都是先認識自己，不要人云亦云、隨波逐流，更不要因為他人的隻字片語而迷失自己。若真的想要邁向成功，必須全面且正確地評估自己。哈佛大學的心理學教授曾講過一個故事：

春天到了，蘋果樹、梧桐樹、橡樹、玫瑰花、鬱金香和梔子花繽紛亮相，整個公園生機盎然、花果飄香。

然而，有一顆小樹苗總是鬱鬱寡歡，它不知道自己是誰，以後要成為什麼。它很羨慕大樹參天，很憧憬果實累累，也很嚮往百花怒放。再加上公園裡其他植物你一言、我一語地自薦，小樹苗更加困惑了。

蘋果樹對它說：「你如果像我一樣努力生長，就一定會結出美味的蘋果來，你看看我，結出這麼多蘋果，人們多喜歡我啊！」聽了蘋果樹的話，小樹苗似乎有了方向，後來卻發現，自己明明已經夠努力了，卻無法像蘋果樹一樣結出碩大的果實。

這時候，玫瑰花對它說：「你別聽蘋果樹的，要長出蘋果來多不容易啊！你看看我，開出玫瑰花來才好呢！我雖然沒有像蘋果一樣美味的果實，可是我的花朵這麼漂亮，人們更加喜歡我呢！」小樹苗聽了玫瑰的話又改變方向，希望自己有一天也能像玫瑰一樣，開出絢爛無比的花朵。但是，它的願望愈是強烈，愈覺得力不從心。

有一天，公園飛來一隻小鳥，牠看小樹苗悶悶不樂的樣子，便詢問它不開心的緣由。小樹苗把自己的苦惱告訴小鳥，小鳥聽了之後說：「其實，你應該先試著了解自己，不要總想模仿別人，也不要總活在別人的期許中。每個人都有不一樣的人生路，只有明白自己真正擅長的是什麼、真正想要的又是什麼，才能健康地成長，走出自己的一片天、長成自己想要的樣子。」

聽了小鳥的話後，小樹苗豁然開朗、敞開心扉，並開始認真思考自己的特點和內心真實的追求。終於明白自己是一棵不會結出累累果實，也不會綻放鮮豔花朵的樹木，能做的只有努力生長，為人們撐開一片綠蔭。很快地，小樹苗長成一棵挺拔的大樹，每個乘涼的人都對它青睞有加。

哈佛心理學教授藉這個故事告訴我們，**不要迷失自己，也不要對自己有錯誤的判斷**。一位哈佛大學畢業生說過一段非常經典的話：「如果我不知道自己到底想要什麼，就不知道自己追求的目標。如果我不知道該追求什麼，就不得不傻傻地等著、盼著，靠生活的殘羹冷炙過活。」

無論何時，做出所有重大決定前，都需要深思熟慮。想收穫不一樣的人生，就需要走出一條對自己而言正確的道路。尤其是激情高漲、雄心勃勃的年輕人，對未來、生活充滿著憧憬，卻也不乏迷惘的時刻。究竟，該如何找到目標，選擇屬於自己的人生路呢？

首先，要根據實際情況確立理想。接著，在興趣與特長中，找到與理想之間的結合點。如果你思維邏輯縝密，可以考慮朝數學領域前進。如果你喜歡音樂或美術，就試著進入藝術大學就讀。如果你擅長演講，可以往職業訓練師方向發展。自己的人生目標是否正確，要符合以下兩個特性：

1. 明確性

明確性是非常突出的特點。一些年輕人之所以無法成功，主要是因為他們的行動目標不明確。只有目標明確才能堅定信念。

2. 現實性

不現實的目標就如海市蜃樓一樣縹緲虛無。大多數人的目標只停留在幻想，而忽略現實。為自己設定目標時，一定要腳踏實地，不要異想天開。

其次，朝著理想勇敢前進。經過全面評估和深思熟慮後，接下來就是拿出決心和百分之百的努力，勇敢地朝理想拚搏，否則理想也不過是徒然。

最後，學習與挫折相處。在為理想奮鬥的路上，挫折總是無可避免。遭遇挫折時，不要因為受挫而懷疑自己的目標。這個世界上，沒有可以一蹴可幾的事情。任何時候都不能因為受挫而放棄夢想，只要我們相信自己的路沒有走錯，那就勇往直前。

哈佛心理測驗

測一測你對未來有什麼想法？

Q 走在路上，你聽到鑰匙掉落的聲音，你覺得是：

A. 一大串鑰匙　B. 兩三把鑰匙　C. 只有一把鑰匙

答案分析

選擇A的你對未來有無限的憧憬，你認為生活像一扇正要打開的窗子，有諸多可供想像的可能性，但有時顯得好高騖遠。若想要抵達夢想彼岸，建議你按部就班地實現目標。

選擇B的你正在眼前的交叉路口徘徊彷徨，因為認定一個以上的目標，而不知道該朝哪一條路邁進，建議你多聽聽前輩的意見，並結合自己的興趣與特長，經過深思熟慮後再做決定。

選擇C你是未來方向明確的有志之士，既然決定了目標，就勇往直前吧！

6 考試不是終點，而是開啟人生下個篇章的起點

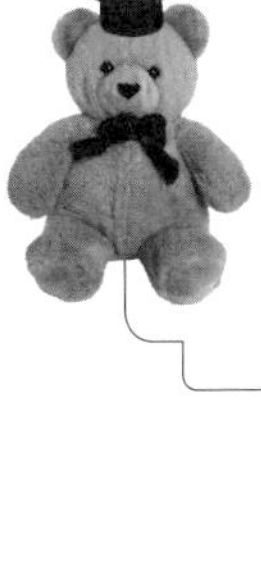

鼓勵孩子的一句話

教育的目標在於知識的進步與眞理的傳播。

——美國前總統　約翰・甘迺迪（John F. Kennedy）

有人說升學考試是「鯉魚躍龍門」，也有人說是「千軍萬馬過獨木橋」。但隨著社會發展，經濟、教育、文化的領域變遷，升學考試已經不再是往日的龍門，也不再是通向成功之路的獨木橋。

當然，一些傳統觀念還是存在。考試落幕之後，往往幾家歡樂幾家愁。順利者自

然萬事大吉，但對某些考生來說，一分之差便與渴望的大學失之交臂。「大考失利，出路在哪裡？」「考不上心儀的大學，該何去何從？」「錯過了這次機會，未來又在哪裡？」這些消極的情緒與迷茫，充斥著考後的每一天。甚至，有的落榜生因為分數而否定自我，消極面對未來的前途與今後的人生。

美國教育家科南特曾擔任哈佛大學校長長達二十年，他說：「哈佛學子的成功是哈佛教育而非考試教育的結晶。只要你願意堅持不懈追求真理，一樣可以打造卓越人生。」

其實，一次的大考失利，並不意味著你就是失敗者。考試成績不好，只能證明能力的一部分不足而已。成功需要的是綜合能力，例如：發現問題、解決問題、克服困難的能力等，好好培養這些無人可替代的才能，一樣可以通往成功。況且，**成才的機會不僅限於升學考試。不放棄、不灰心，一樣可以活出與眾不同的人生。**

對於家長和考生來說，與其在考試失利中苦苦掙扎，還不如放遠眼光、另尋出路，為自己的未來爭取更多的機會。沒有如願考取理想大學的學子，可以參考下面的建議，為自己開闢其他成功之路：

1. 重考

如果考生還是想透過升學考試進入理想大學，重考是個常見的選項。透過重考提高成績，也不失為提升自己的方法。第一年失利，但是第二年順利考上心儀學校的例子也不少。不過，重考是一條有風險的路，除了要多付出一年的時間，有時候也會給自己帶來過大的壓力，應慎重考慮。

2. 就業

直接就業可以較早接觸社會、體驗人生百態。等到同年齡的人大學畢業時，你已經擁有了三、四年的工作經驗。雖然學歷比不上大學畢業生，但是工作經驗往往比學歷更有說服力。

3. 其他途徑讀大學

上大學的途徑不僅有升學考試，學子也可以透過自學進修、成人教育、社區大學、職業教育等途徑，實現自己的大學夢。這些學校對於學生分數的要求比較低，但是專業性也相對較強，畢業後大多能習得一技之長。許多企業需要的是有實用技術、實踐經驗的員工，而這些技能都可以透過以上學校培養。

4. 出國留學

沒考上心目中的理想大學，不代表人生從此黯淡。考不上國內的大學，可以放眼國外大學。出國留學也是實現自我人生價值的選擇之一。

有人說，升學考試是一場戰役，總會有成功者和失敗者。但無論這場戰役的結果如何，考試結束之後，都意味著高中時代的結束。到了那時候，大多數學生已滿十八歲，人生才正式起航。過去花費大部分心力寒窗苦讀的學子，也該褪去稚氣，不能只專注於課業學習。

一年一度的升學考試總會畫上句點，但生活仍然繼續。不管結果如何，苦讀多年的學子都應放鬆心情、調整心態。可以利用大考後的閒暇時光，做些有意義的事，例如：和朋友去看幾部電影、靜下心閱讀幾本書，也可以背著背包踏上旅途，順便拍幾組青春記憶的照片。若想體驗生活，可以出去打工，提前感受工作的艱辛，了解自己沒見識過的大千世界。

考後擺正心態，合理安排生活，樹立新的人生目標，為青春刻下一段充實而美好的回憶。天高任鳥飛，海闊憑魚躍，人生多姿多彩，天地寬廣無際。你會發現，經歷大考之後，生活仍舊美好。

哈佛心理測驗

熱愛生活的小測試

第一步：拿出一張白紙，在紙上畫一條線，起點代表生命的開始，終點則是生命的結束。按照平均壽命，生命的終點設定為七十六至八十三歲。

第二步：在線段上找出自己現在的點。

第三步：利用一分鐘的時間，回憶自己從出生到現在發生過的重要事情，對你的生活有什麼影響，並把它們寫下來。

第四步：在線段的終點畫上一點，表示你人生的結束時刻。

第五步：用一分鐘的時間，想想在今後的餘生中還有什麼夢想，並寫出實現夢想的具體時間。

答案分析

白紙上描繪出的，是自己曾設想過的美好未來、沒來得及實現的夢想，以及今後人生想達成的目標。例如：三十歲前想要個孩子、十年內想買輛車、四十歲想有房子、四十五歲想陪孩子上大學、六十歲退休前想看到兒女結婚生子、六十歲退休後想和老伴周遊世界享受生活。

測試結束之後，你會發覺時間不夠用，自己很熱愛生活，還有很多的夢想等著努力實現，生活其實很美好。

NOTE

NOTE

不要過度追求速成，任何的成功都需要歷經一段艱辛，才能水到渠成。

PART 3

時間這回事：在枯燥的學習時光，找出快樂動力

1 在哈佛校園裡，沒有漫無目的閒晃的身影！

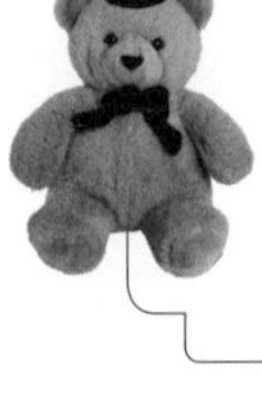

鼓勵孩子的一句話

人生是不公平的，習慣去接受吧。請記住，永遠都不要抱怨！

——微軟創辦人 比爾・蓋茲

比起埋頭苦讀，你在哈佛更常見到熱烈討論的場景。哈佛的學生餐廳像是可飲食的討論室，每個人都興奮地討論各式各樣的話題，沒有人抱怨學業繁重、埋怨壓力大，更沒有萎靡不振的情緒。

在哈佛的校園裡，到處都是匆匆腳步，很少見到漫無目的閒晃的身影。這些學生幾乎每天都在辛苦學習，為未來寫下不朽的篇章。的確，沒有艱辛的耕耘，又何談人生的收穫？哈佛學生很少抱怨，因為他們知道抱怨只是徒勞無功。

雖然上坡路走起來非常艱辛，無疑是對意志的一大挑戰，但只要能堅強挺過，今後即使遇到再大的困難，也能相信自己足以克服。

許多人考上大學後，就像脫韁的野馬，卻在學習的黃金階段停下腳步，將大多時間耗在學習以外的事情上。哈佛教授認為，學生時代就要培養專注學習的好習慣，絕不能三天捕魚、兩天曬網。我們可以從下面三點建議中借鑑：

1. 認準目標，堅持不懈執著追求

一旦認定目標，就不要被外在環境誘惑。其實不只是學習，做事最忌諱見異思遷。造成見異思遷的原因有很多，其中一項就是因為別人的成功而動搖，使自己努力的方向改變。

2. 不要因為沒立刻得到成效而動搖

盡快有所成就是許多人的夢想，這種心情雖然可以理解，但是過於急切地盼望成功，反而容易使人走向歧途。事實上，哈佛教授常常告訴學生，凡事都有循序漸進的過程，任何的成功都需要歷經一段艱辛，才能水到渠成。英國有位作家曾經被退稿七百多次，但成為作家的信念並沒有動搖，他堅持寫作，終其一生共出版五百六十多本書籍。如果他在第一次遭到退稿就放棄，不可能會有後來的成就。

3. 不要怕付出辛勞，要捨得吃苦

愛因斯坦在物理學領域的傑出貢獻令人稱羨，卻很少有人留意過，他床下塞滿了幾麻袋的計算稿紙。人們津津樂道哈佛大學無與倫比的聲譽，卻很少有人想過，要戴上名為哈佛的王冠，需要灑下多少辛勤的汗水。取得好成績的捷徑只有一條：不害怕付出辛勞。

做過凸透鏡聚焦實驗的同學一定知道，夏日酷暑的陽光無法讓火柴自燃。但若用凸透鏡將分散的陽光聚集於一點，即使是冬日的陽光，也能使火柴燃燒。哈佛大學讓學生知道：「學習時的痛苦只是暫時，未學到的痛苦卻是終生的。」若想走向成功，就不能貪圖安逸。

人能有怎樣的意志力？能發揮怎樣的潛力？幾千年來，智者總是在癡迷中思考，拚命地自我雕琢。走在人生的上坡路，如果你停步不前，就會遠遠落在後面，得用更多時間重新追趕。繩鋸木斷、水滴石穿，即使再弱小，只要集中精力，也有機會取得成就。再強大的生命若精力分散，最終也可能走向一事無成。

哈佛心理測驗

你是天生勞碌命嗎？

被譽為「人生導師」的塔爾・班夏哈（Tal Ben-Shahar）說：「奔波勞碌的人總是把快樂的期望放在未來，卻無法享受當下的幸福。」在快速的生活節奏下，奔波勞碌的人有增無減，人們的壓力也愈來愈大。你想知道自己是不是勞碌命嗎？快來測一測吧！

Q 倘若可以選擇性失憶，你希望哪些事情能從自己的腦海中移除？

A. 痛徹心腑的感情　B. 發生在自己身上的糗事

C. 自己犯過的錯誤　D. 遭人背叛的經歷

答案分析

選擇A的你是天生勞碌命，因為總是不滿足現狀，想要得到更新、更多、更好的東西，此生都會為了追逐欲望而奔波。

選擇B的你對自己的要求很高，對權力的欲望非常強，尤其你特別注重享受，為了達到目標，必會付出畢生的精力。

選擇C的你喜歡操心，凡是深思熟慮，因此總是不自覺地陷入深思，但身體力行卻做得不足夠。在旁人眼裡，你並不屬於勤勞奮進一族。

選擇D的你很容易知足，對物質的要求不高，因此你不會為了自己的欲望，而拚死拚活地爭取，人生會過得比較輕鬆愜意。

2 【案例】華裔女閣員趙小蘭，教你如何在枯燥學習中尋找快樂

鼓勵孩子的一句話

怎樣思想，就有怎樣的生活。

——愛默生

我們總是抱怨自己的課業重、壓力大，其實對任何人來說，知識的累積都伴隨著枯燥和反覆。哈佛學生的課業壓力一點都不輕鬆，但他們都能以苦為樂，對所學樂在其中。哈佛學生的心中燃燒著強烈使命感，要在未來承擔重要的社會責任。

哈佛人主張要珍惜時間，努力為實現理想打拚，但這不等於一味地拚命，適度的休息和放鬆也相當重要。在哈佛大學，因為課業繁重，學生每天都承受著巨大的壓

力，但學校不提倡學生把所有時間都用於學習，而是在盡力學習之餘，也不能忽視玩樂的重要性。

有些哈佛學生投入校外活動的時間，甚至超過課內學習，因為適度的課外活動能提升大腦處理資訊的速度，還可以使思路更加活躍。哈佛大學為了調解緊張的學習生活，每年都會舉辦藝術節，例如：音樂會、戲劇演出、舞蹈表演及藝術展覽等，以豐富學生的課餘生活。這些藝術氛圍濃厚的活動，使學生得以在文化藝術的薰陶中，提升藝術修養和審美能力。

在緊張的學習過後，透過課外活動暫時遺忘課業、盡情放鬆。在充分休息後，恢復的體力和精力會為下個階段增添無窮的動力。所以，**在人生路上不僅要勤奮努力地學習，更要學會徹底放鬆**。

有經驗的園丁往往會選擇性地剪去樹木上的枝條，這其實是為了使樹木能更茁壯。若保留太多的枝條，將來的總收成反而會大幅減少，果實的品質也會遜色許多。做人就像培植花木，將消耗在無意義事情上的枝條剪去，適當保留休閒活動之後，再次專注於所學吧！到處去鑿淺井，哪還有精力鑿深井呢？與其羨慕他人的成功，不如集中注意力於眼下。

很多成功者都有個共通點：能在枯燥孤獨的學習中，心無旁騖地做好每件事。你想成為才識過人、令人嘆服的優秀人物嗎？關鍵在於排除大腦中雜亂無序的念頭，忍受學習過程中的乏味與枯燥，並享受徹底放鬆的快樂。

趙小蘭畢業於哈佛大學，曾擔任美國勞工部部長，是美國史上首位華裔內閣成員。她談到自己在哈佛的經歷時深有感觸，當時哈佛商學院教授上課並不講課，甚至沒有教科書，每天都發給大家三樣回家作業，各描述一家有問題的公司。

學生需要做的就是了解該公司的問題並進行分析，然後提出建議、解決問題。趙小蘭表示：「那時每天真是戰戰兢兢，因為教室如戰場，若沒有充分準備，可能不敢走進教室。」

哈佛商學院每天的課程長達六小時，由於課程相當複雜，準備起來至少要花十個小時。哈佛訓練學生**在雜亂無章的思緒中理出脈絡，自己先歸納演繹，大家再一起討論，尋求解決途徑**。每天下課後，趙小蘭都要趕去圖書館找資料，經常做到凌晨一點以後才能入睡。

哈佛商學院教授最注重學生的臨場表現，成績主要取決於討論課題的參與度，因為教授認為有效率的企業家和生意人，都需要與人溝通。在哈佛念書的生活真可說是既惶恐又興奮，趙小蘭幾乎連作夢都在琢磨難解的課題。正因為這些嚴格訓練，學生對問題的了解愈來愈深廣周密，使她在哈佛枯燥的學習中獲得莫大的快樂，更是推動她始終保持優異成績的動力。

哈佛教授的理論與實際經驗相當豐富，許多教授還兼任公司顧問。在哈佛的艱苦歷練，讓趙小蘭培養了領導才能，成為處事能力高強的幹練女性。趙小蘭甚至被選為當屆畢業生代表，她帶著這份殊榮走出校門，充滿信心地步入社會。

無所事事的人即使擁有一座金山，早晚也會坐吃山空。成功的人未必完美，但具有一般人沒有的特質，就是專心致志與勤奮。很多人都想找一條通向成功的捷徑，幾經輾轉之後，才發現成大事的要訣在於「勤」。每位成功者身上，幾乎都可以看到辛勤工作、努力學習的習慣，雖然難免令人感到枯燥，卻能使人如虎添翼。笨鳥先飛尚可領先，辛勤過後必然會有豐厚而快樂的人生回報。

哈佛腦力激盪

測測你的頭腦靈光度。

Q1 芭拉家共有八人，其中有六人會下象棋，五人會下圍棋，四人會下西洋棋。請問三種都會的最多有幾人，最少是幾人？

Q2 一個人生於西元前十年，去世於西元十年他生日那一天，請問這人活了幾歲？

Q3 布魯發現四百米的圓形跑道上，有五個人跑在達倫前面，後面也有五個人。請問總共有多少人參加比賽？

Q4 漢娜家共有四人，年齡總和是七十三歲，父親比母親大三歲，漢娜比妹妹大兩歲。四年前全家的年齡總和是五十八歲。請問漢娜家每個人各是多少歲？

Q5 哥哥缺五十元，弟弟只差一元。兩人把錢加起來，仍然不夠買一本小說。請問這本書的價錢是多少？兄弟倆各有多少錢？

參考答案

Q1 最多四人，最少沒人。

Q2 十九歲。

Q3 六人。

Q4 三十四歲、三十一歲、五歲和三歲。

Q5 這本書五十元。哥哥沒錢，弟弟有四十九元。

3 孩子的零碎時間是用來休息，還是……

鼓勵孩子的一句話

堅持下去的人將會得到未來的獎勵。我沒時間爲自己感到難過，我沒時間抱怨。我要堅持下去。

——美國前總統 巴拉克・歐巴馬（Barack Obama）

每個人的時間和精力都有限，應該充分利用時間學習，而不是將大把的閒暇時間拿來打瞌睡。有的人可能會說：「我只是在閒暇時間打盹而已，既然是閒暇時間，幹嘛把自己弄得那麼緊張呢？」愛因斯坦曾經說：「人的差異就在於閒暇時間。」一位哈佛教授也說過：「只要知道一位年輕人怎麼度過閒暇生活，就能預見他會有怎樣的前程。」

早在二十世紀初，數學界曾經有一道難題：二的七十六次方減去一的結果，並不是人們猜想的質數。最後，數學家法蘭克・尼爾森・科爾（Frank Nelson Cole），成功地運算和證明這道難題。有人問科爾：「您論證這道題花了多少時間？」科爾回答：「三年中的所有星期天。」

約翰・霍普金斯學院（The Johns Hopkins University）的創始人之一，同時也是加拿大醫學教育家的威廉・奧斯勒（William Osler），利用大量的閒暇時間進行研究，成功定義了第三種血液細胞「血小板」。他利用繁忙的工作之餘，每天睡前擠出十五分鐘讀書，不管忙碌到多晚，這個習慣都未曾間斷。他整整堅持半個世紀，總共閱讀一千多本書。

奧斯勒在年輕時，曾為自己的前途感到迷茫與困惑，直到讀到這樣一句話：「**最重要的不是去看遠方模糊的雲，而是做好手邊明確的工作。**」明天再美好，也不如多做一些眼下的實事。

年輕人看似擁有用之不盡的時間，但必須謹記自己正在荒廢的今日，可能是許多人日夜祈求，卻不一定到來的珍貴明日。然而，更多人只看到成功者表面的風光，忽略他們背後付出的心血。臺上一分鐘，臺下十年功，成功不會從天而降，人生的走向端看於如何堆砌時間。

世界知名連鎖飯店萬豪國際（Marriott International）的創始人比爾・瑪里奧特（Bill Marriott），多年來幾乎每天工作十八小時。卡爾森酒店集團（Carlson Rezidor）的老闆庫特・卡爾森（Curtis L. Carlson），擁有世界級的旅行社和多家著名大飯店，他從賣獎券起家，一直做到首屈一指的大富豪，可說是從枯燥工作步入快樂人生的傳奇人物。卡爾森表示，**他的工作日用於保持競爭力，假日則拿來超越他人**。

知名科學家、發明家班傑明・富蘭克林（Benjamin Franklin）也十分珍惜時間：

曾有一位年輕人希望向富蘭克林求教，在電話中約好見面時間後，年輕人如約而至，只見富蘭克林的房門大敞，裡面一片狼籍。年輕人看了感到相當意外，富蘭克林立刻說：「這房間太髒亂了，請你在門外等候一分鐘，我收拾一下再請你進來」，然後關上房門。

不到一分鐘，剛剛還很雜亂的房間已經變得井然有序，富蘭克林手上還多了兩杯散發淡淡香氣的紅酒。年輕人才剛喝完紅酒，富蘭克林說道：「你可以走了。」年輕人遺憾地表示：「可是，我還沒向您請教呢！」富蘭克林邊微笑邊審視自己的房間，說道：「難道這些還不夠嗎？而且你已進來一分鐘了。」年輕人頓時恍然大悟：「一分鐘的時間可以做許多事情，也可以改變許多事情。」

人們處在知識爆炸的資訊時代，常因為繁重的課業或工作而緊張忙碌。如果想調劑生活，就必須有效利用時間，在最短的時間內做最多的事，剩下的時間便可以拿來休閒放鬆。這也是為什麼那些著名企業家、政治家，明明每天都有那麼多事情要處理，卻還能將時間安排得有條不紊。

也許你不如別人富有，但是你擁有和別人一樣多的時間。人生沒有回頭路可走，時間是有限的，我們無法找回曾經浪費掉的光陰。

哈佛心理測驗

你的野心指數是多少？

Q 你生日時收到一盆漂亮的仙人掌，會把它擺在哪裡呢？

A. 放在門前　B. 放在窗戶邊　C. 放在床頭　D. 隨意放

答案分析

選擇A的你：野心指數★

戰勝別人並不難，你要能戰勝自己！你希望過著和諧、安定的生活，不喜歡變動和挑戰。你個性隨和，常會迎合別人，內心極易感到滿足。但是，缺少欲望就會缺少鬥志，使你的成績容易下滑。

選擇B的你：野心指數★★

你有宏偉的理想，喜歡在別人面前暢談宏圖大志，但只停滯於「想」和「說」的階段。只會空想，不算是野心家，要想實現理想，就拿出行動力吧！

選擇C的你：野心指數：★★★

你欲望強烈，渴望掌控一切，這種野心產生的動力驅使你前進。但你不要太自以為是，要先做好自己該做的事，與他人相處時應圓融些，總會有發光的一天！

選擇D的你：野心指數：★★★★

你知道自己想要什麼，也從來不會滿足。你的野心就像無底洞，永遠無法被填滿，即便赴湯蹈火也會奮力爭取想要的事物。欲望太強注定勞碌一生，錯過人生許多風景。但不畏挑戰、信心十足的你，自然會將事業發展得如日中天。

4 把「我沒有時間」掛嘴邊，等於把失敗放身邊

鼓勵孩子的一句話

學問積年而成，而每日不自知。

——愛默生

在哈佛大學，師生都有這樣的共識：每天點滴的進步不僅能讓自己的內在潛能充分發揮，還能累積成功的資本。的確，如果我們總是原地踏步，哪怕你天資卓越，最後仍可能毫無作為。我們經常將「珍惜時間」掛在嘴上，但每當回顧自己的所作所為時，卻發現時間又被自己浪費了。那麼，什麼是實質意義上的珍惜時間？又該怎麼珍惜時間呢？

珍惜時間就是把握今天，讓自己努力前進。做到這點其實並不難，只要肯用心付出一點時間充實自己，哪怕每天只撥出一小時，累積下來的成就也不可小覷。

但是，在當今生活節奏快速的時代，人們沒有充裕的時間完成想做的事，久而久之，許多好的想法也就無法付諸實現。舉例來說，老師出了一道題目，你雖然可以用更好的方法解出來，但是接下來還有許多作業等著你，在忙碌之餘你可能也忘記當時的新想法，最後就這樣不了了之。

哈佛教授十分注重不斷進步，即使獲得諾貝爾獎或是年逾古稀，仍孜孜不倦地學習，堅持到實驗室做研究。因此，成長中的年輕人更沒有理由讓自己止步。電梯維修工人尼古拉的故事，或許可以作為借鏡：

一位名叫尼古拉的電梯維修工對現代科學很感興趣，於是利用每天下班後的一小時，攻讀核子物理學方面的書籍。隨著知識不斷累積，他的腦中悄悄浮出一個念頭：提出建立新型粒子加速器的計畫。這種加速器的效能，比當時其他的加速器更好且更便宜。

尼古拉把計畫遞交給美國原子能委員會。經過不斷的實驗和改良後，這台加速器為美國節省了七千萬美元。因此，尼古拉得到一萬美元的獎勵，並被聘請到加州大學放射實驗室工作。

雖然人們沒有太多時間去完成想做的事，造成許多計畫被擱淺。但是，世界上仍有人每天在忙碌中抽出一小時，用堅定的意志投資自己的興趣與愛好。實際上，愈忙的人往往愈能擠出這珍貴的一小時！

世界著名化工公司杜邦（DuPont）的總裁，每天擠出一小時研究蜂鳥，並用專業器材拍攝。後來，他撰寫的蜂鳥相關著作，被權威人士稱為自然叢書中的傑出作品。

富蘭克林曾說：「你熱愛生命嗎？那麼別浪費時間，因為時間是組成生命的材料。」他還說：「你或許會遲到，但時間不會。」

富蘭克林在報社商店工作的期間，有個男人猶豫了將近一小時，終於開口問店員：「請問這本書要多少錢？」店員回答：「一美元。」男人又問：「你能算便宜一點嗎？」店員以堅定的口氣說：「很抱歉！它的定價就是一美元。」過了一會兒，男人又問：「請問富蘭克林先生在嗎？」店員說富蘭克林正在印刷室工作，但他執意要和富蘭克林見面，店員只好請富蘭克林到店裡來。

富蘭克林出現後，男人便問：「這本書最低價是多少？」富蘭克林不假思索地說：「一美元二十五分。」男人聽了大吃一驚：「可是一分鐘前，店員說只要一美元。」富蘭克林說：「沒錯，但是我寧願倒貼你一美元，也不願意為了討價還價離開我的工作。」言下之意便是，那個男人佔用富蘭克林的時間，所以需要多支付二十五分美元。

男人愣了一下又說：「好吧，你說這本書最少要多少錢呢？」富蘭克林想都不想就回答：「一美元五十分。」男人一聽，大聲喊道：「怎麼又變成一美元五十分？你剛才不是說一美元二十五分嗎？」富蘭克林冷冷地說：「對，不過這是我現在能開出最好的價錢。」這個男人終於不再說話，默默地付錢離開。「時間就是金錢」，富蘭克林為這個習慣浪費時間的男人，上了一堂令他永生難忘的課。

失敗與成功的最大分水嶺只有五個字：「我沒有時間。」如何安排時間是成功與否的最大關鍵。很多人認為，幾分鐘或幾小時並沒有太大的差別，但事實上，即使只有一分鐘，也能發揮很大的作用。

我們年輕時，對於光陰的流逝很少會有感觸，但是隨著年齡增長，時間對我們的價值變得愈來愈高。尤其是在逢年過節，總會有「韶華不為少年留」的感慨。

管理學大師彼得・杜拉克（Peter Ferdinand Drucker）曾經說過：「**不能管理時間的人，什麼都不能管理。因為時間是世界上最短缺的資源，除非嚴加管理，否則就會一事無成。**」管理時間就是與時間賽跑，只有奮起直追的人，才能真正理解時間的重要性。

邁爾斯經營一家生意遍及全球的顧問公司，每年都要接一百三十件以上的案子，大部分時間只能在飛機上度過。她為了和客戶保持良好關係，經常利用坐飛機的時間寫郵件給客戶。某日，她一如既往地在飛機上寫郵件，一位旅客見狀便對她說：「我注意到妳一直在寫郵件，妳的老闆一定對妳非常滿意。」邁爾斯微笑著說：「我就是老闆。」

珍惜時間就是珍惜生命，明智節儉的人總是把精力和體力，當作上天賜予的珍貴禮物，把每分每秒都看得神聖，他們不圖清閒、不貪逸趣，總是以最高效率運用時間。要有效率地管理時間，還可以創造一個「時間特區」，例如：為了避開上下班時間的交通高峰，可以早到或晚走，以減少路上的等待時間。有位高層管理人士曾說：「深夜開車是最棒的，因為那時路上的車很少。」

哈佛心理測驗

來測試看看自己的談吐功力吧！

曾任哈佛大學校長的查爾斯．艾略特（Charles William Eliot）說：「在培養上流人士的教育中，有一種訓練必不可少，那就是優美而文雅的談吐。」人與人交往時，談吐是評價一個人的重要根據。恰當的措辭不但能讓你和他人的溝通更加順暢，還可以使你的談吐更加動人。

Q 請將下面的形容詞補充到句子結尾處。測一測自己的談吐功力吧！

1. 窗外現在：A. 大雨滂沱——第2題　B. 陰雨綿綿——第3題
2. 吃飯吃得：A. 狼吞虎嚥——第4題　B. 細嚼慢嚥——第5題
3. 走路走得：A. 急急忙忙——第5題　B. 不慌不忙——第6題

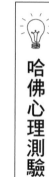

4. 說話說得：A. 含糊不清——第7題　B. 嘰嘰喳喳——第8題
5. 內心感到：A. 不知所措——第7題　B. 撲通撲通——第9題
6. 開心就會：A. 呵呵傻笑——第8題　B. 默默微笑——第9題
7. 在鬼屋裡：A. 全身顫抖——A型　B. 心底發寒——B型
8. 和尚的頭：A. 光得發亮——B型　B. 滑溜溜的——C型
9. 壓力大到：A. 讓人焦慮——C型　B. 精神不振——D型

答案分析

A型：你的語言表達能力非常優秀，是天才型演講高手。你表達意見時，幾乎不假思索就能娓娓道來，對於自己經歷過或是覺得感動的事，能夠活靈活現地用言語表達出來，令人聽得津津有味。

B型：你談吐幽默、擅長邏輯，有相當不錯的語言組織能力，是思維型談話者。你與其說是天生好口才，倒不如說是後天勤奮。你擅長整理話題內容，能簡潔有趣地說給大家聽，同一話題反覆講述之後，口才技巧會變得更棒。

C型：你就像相聲中擔任捧哏（注4）角色的人。你身為一個搭配高手，一個人說話時可能不怎麼有趣，一旦有志趣相投的人在場，就能發揮優勢，有如相聲般一搭一唱，讓氣氛變得熱烈。

D型：能言善道在交際中固然十分重要，但會傾聽也是生存之道。在脣槍舌劍的戰爭中，你的王道就是當個溫柔貼心的傾聽者。耐心傾聽會讓別人覺得輕鬆自在，而卸下心防，大家都願意向你吐露心事，自然讓你成為值得信賴的人。

注4　逗哏及捧哏是相聲中常見的角色。逗哏在相聲相當於主角，負責逗觀眾發笑，而捧哏相當於配角，在逗哏說完一段哏後，給予回應或者評論。

NOTE

說謊猶如用刀傷人，儘管傷口可以癒合，傷疤卻永遠不會消失。

PART 4

誠信這回事：建立孩子寡承諾、多做事的心理素質

1 避免不經意的論文剽竊，哈佛提供10個獨立思考竅門

鼓勵孩子的一句話

學生是處於實習階段的學者和研究者。在這個階段，不僅要向學生傳授各種知識和理論，更要教會他們做到學術誠實。

——哈佛大學前校長尼爾・魯德斯泰（Neil L. Rudenstine）

美國現有四千多所高等學校，是世界上高等教育相當發達的國家之一，各大學都十分重視學生的誠信教育。哈佛大學專門制定了「學生學術誠信條例」，對考試作弊、論文抄襲等不誠實的學術行為，從定義、處罰規則到申辯程序，以及論文引用文

獻時應遵循的規範等，都有十分詳盡的規定。哈佛大學甚至建立「榮譽守則制度」，要求每位新生入學時，都要在榮譽守則上簽名，保證學術誠實，並以此作為新生入學的條件之一。

哈佛嚴格的學術規範，是獨立思想得以轉化為科學論證的重要保證，一切抄襲、剽竊和改頭換面的移植，都是教學、研究和學習的大忌。哈佛教授要求學生，論文的所有觀點都必須建立在扎實的文獻蒐集、分析和研究的基礎上，而作為主要依據的參考資料，也必須是學術研究規範內的產物。

哈佛大學認為，作弊是最低劣的手段，因此非常嚴厲地處理舞弊行為。二〇〇五年三月八日，哈佛大學取消了一百一十九名申請者的入學資格，理由是這些申請者在學校發放錄取通知書之前，透過線上軟體入侵學校網站，偷看錄取結果。

前哈佛商學院院長發表聲明表示：「這種行為嚴重違背誠信，沒有任何辯解的餘地。一旦發現申請者有此不法行為，將不予錄取。」院長還表示，**商學院培養學生的標準是品格正直、道德高尚，以及具有正確判斷力**。

鼓勵和培養獨立思想是哈佛大學的教育之本，新生入學時，都會拿到《哈佛學習生活指南》，其中有兩段話如下：

獨立思想是美國學術界的最高價值。美國高等教育體系以最嚴肅的態度，反對剽竊他人的著作或觀點。任何一位這麼做的學生都將受到嚴厲的懲罰，直至被大學開除為止。

因此，當學生在準備任何類型的學術論文時，包含平時的作業、課堂口頭發言、考試論文等，都必須明確指出，文章中有哪些觀點是引用何種形式的文字材料，或是借鑑什麼人的著作。

哈佛大學如何訓練學生的獨立思考能力？如何防止抄襲論文或是剽竊他人的觀點？哈佛一開始就讓學生明白，獨立思考是學校的第一教育原則。

二〇〇八年七月，在哈佛甘迺迪學院的新生歡迎會上，主持人警告大家：「每年都有三、四名學生因為剽竊而無法如期畢業，因為我們不允許剽竊。」哈佛大學行政學院的學生傑生・任說：「歡迎儀式一半以上內容，都是有關剽竊的警告。」

哈佛的在校生，每個學期都得在「若剽竊甘願受罰」和「學問正直備忘錄」上簽名。為了避免無意中的剽竊，哈佛大學會事先發給學生一本《學會引用——大學生論文寫作指導手冊》，告訴學生正確使用參考文獻的方法，並舉例說明如何杜絕剽竊陋習、保持誠信。這本書幾乎是每一位哈佛學生在求學期間，唯一從始到終陪伴他們的書籍。

哈佛教授也鼓勵學生養成獨立思考的習慣。教授往往不給予學生直接的回答，因為他們不認可「只追逐正確解答」的學習方法，而是鼓勵學生從相關書籍中自己尋找解方，或者親自從實驗裡尋求答案、解決問題。這樣的方式使學生逐漸發現，自己得到的收穫比預期多。

此外，教授也鼓勵學生提出超出自己能力範圍，甚至超出教授知識和經驗外的問題，思考還未找出答案的問題和事物。

哈佛大學認為，**讓學生學會獨立思考，要比告訴他答案更有意義**。搞清楚問題最終的答案固然重要，但更重要的是在解決問題的過程中獨立思考。不輕易全盤接收他人的觀點，而是讓每個觀點都能經過大腦的過濾，最後形成自己對問題的系統性認識，這就是哈佛人的學習模式。

獨立思考是一種能力，可以從中找到許多規律，有助於解決一系列的問題。若學會將獨立思考能力運用於課業，久而久之，在為人處世或其他方面上，也會養成先動腦再行動的習慣，而這又涉及更深遠的意義——培養獨立的個性。

威廉・詹姆斯在一百多年前曾經說：「就培育自主與獨立的思想而言，除了哈佛大學，無出其右者。哈佛的環境鼓勵人們從自己的特立獨行中尋求樂趣。相反地，如果哈佛想把學生塑造成單一固定的性格，那將是哈佛的末日。」

哈佛大學教授認為，獨立思考是隨著年齡增長而必須擁有的能力，並總結培養獨立思考能力的十個竅門。

1. **有疑問就要發問：**不要害怕提出問題，即便是別人都沒問過的問題。
2. **經驗比權威重要：**若專家說出和自己實際經驗相抵觸的話，別被嚇倒。
3. **理解對方的意圖：**與人交談時，清楚對方的意圖，琢磨他們是否話中有話？
4. **不必隨波逐流：**要思辨，這是哈佛的傳統。

5. **相信自己的感覺：**如果覺得哪裡不對勁，可能真的有可疑的地方。
6. **保持冷靜：**保持冷靜和客觀，可以使你的頭腦更清醒。
7. **多累積知識與實踐：**實踐是驗證真理的唯一標準。
8. **多角度看問題：**每件事都有多面向，嘗試從不同角度看待問題、解決問題。
9. **將心比心：**設身處地了解對方的處境，才能充分明白對方的想法。
10. **有反對的勇氣：**鼓勵自己站起來說「我不同意」，只有經過磨礪才能成長。

美國大學設有防止論文剽竊系統，但是自從網路普及後，抄襲情況變得有些失控。二〇〇六年，一家知名報社調查後發現，美國六萬名大學生當中，約百分之三十七的人承認，自己的論文有部分內容是抄襲網路而來，百分之三的人承認，自己提交的整篇論文都是從網路下載。

在哈佛大學，每年因作弊而被開除的學生幾乎呈倍數增長。哈佛前校長魯德斯泰教授認為：「學生是處於實習階段的學者和研究者。在這個階段，不僅要向學生傳授各種知識和理論，更要教會他們做到學術誠實。」

正是這種捍衛獨立思想、制止作弊、減少剽竊的理念，使哈佛大學塑造出健康的學術氛圍。這種氛圍有助於學生養成獨立和創新的精神，為日後的工作和研究奠定良好的基礎。

哈佛心理測驗

測測你的自治能力如何？

Q1 你忙得暈頭轉向，電話鈴聲卻響個不停。你接聽後，對方抱怨你接晚了，但你發現是他打錯了，於是你會怎麼做？

A. 告訴對方「您打錯了」
B. 掛電話
C. 告訴對方要找的單位
D. 表明自己是××單位，請另撥號

Q2 買車票的隊伍大排長龍，但有人在你前面插隊，你會怎麼做？

A. 插隊就插隊吧
B. 叫他排到後面
C. 跟他說後面的人也有意見
D. 算了，多一個人也沒差多少

Q3 在打掃時，你不小心打破花瓶而被媽媽罵，你怎麼解釋？

A. 雖然覺得委屈卻沉默不辯解。　B. 生氣的回房間。

C. 和媽媽說：「花瓶本來沒事的，是窗外突然颳風吹倒花瓶。」

D. 和媽媽說：「這次沒做好，下次一定不會了。」

Q4 付錢時發現店員少找你兩元，你有什麼反應？

A. 悄然離去　B. 氣勢洶洶地質問她

C. 什麼也不說，但多拿了幾顆放在櫃檯的糖果

D. 直接說：「你多收了我兩元。」

Q5 你剛買回一台攝影機，朋友說想跟你借用幾天，你會借他嗎？

A. 不情願地借他　B. 不但不借，還念他一頓

C. 和朋友說：「本來想讓你試用幾天，只是不巧被別人借走了。」

D. 和朋友說：「我先檢查看看，沒問題的話第一個借你。」

答案分析

多數選A者：逆來順受，不喜歡出頭，消極退讓，有時良莠不分。

多數選B者：自治能力較差，脾氣暴躁，做事毫無顧忌，給人缺乏修養的印象。

多數選C者：自治能力較強，為了不激化矛盾，有時容易變相發洩。

多數選D者：自治能力很好，寬宏大量、待人以誠，很有雅量。

2 告訴孩子：誠實才是進入世界的唯一途徑

鼓勵孩子的一句話

誠實第一，再來是勇氣，然後才是頭腦

——狄奧多・羅斯福

馬克・吐溫（Mark Twain）說：「實話是我們最寶貴的東西，我們節省著使用吧。」如果希望自己成為品行高尚的人，無論何時都要選擇與誠實為伍，對別人誠實，同時也對自己誠實。愈是在艱難時刻，愈要守住自己的道德防線，具有高尚靈魂的人總是將誠信作為自身行動指南。

富蘭克林曾說：「平凡人最大的缺點，就是常常覺得自己比別人高明。」正因為大家都可能有這樣的缺點，所以時常抱著投機取巧的心態爾虞我詐，往往容易聰明反被聰明誤。虛偽的人有如變色龍，為了自保而與周圍的顏色一致。在我們的生活中，也存在像變色龍一樣，透過變換身體顏色來欺騙的人。

哈佛人認為，**誠信是衡量品行的一把尺，而這把尺適用於所有人**。不管是對家庭、工作、朋友還是社會，誠信是做人的根本。想要獲得他人的信任與尊重，首先應該做到誠實。面對虛偽，絕對不能同流合污，對自己和他人都保持誠實的人，一定可以實現更高遠的理想。謊言和欺騙也許能夠得利一時，然而光環一旦褪去，必定會黯淡無光：

有一對夫妻為了增加收入，決定開一間酒鋪。丈夫除了釀製一手好酒之外，為人更是真誠熱情，於是酒鋪的好名聲一傳十、十傳百，生意如日中天。源源不絕的客人總是把這間小店擠得水泄不通，更常常出現供不應求的狀況。為了滿足更多顧客的需求，夫妻倆決定投入資金、擴大規模，再添置一台設備，以增加產量。

有一天，丈夫外出購買設備，臨行之前把店鋪的事都交給妻子打理，並叮囑她一定要誠實經營、善待每位顧客。一個月之後，丈夫外出採購歸來，妻子按捺不住內心的激動，神秘兮兮地對他說：「這幾天，我知道了做生意的秘訣，像你那樣是永遠無法發財的。」丈夫一臉困惑地問：「我們做生意靠的是誠信，我們家釀的酒好，賣的量足，價錢也合理，所以大家才願意來買，除此之外還能有什麼秘訣？」

自作聰明的妻子不等他說完，就用手指著丈夫的頭說：「你這老古板，現在誰還像你這樣做生意啊！你知道嗎？我這幾天賺的錢，比我們過去一個月賺得還多呢。秘訣就是我往酒裡兑了水。」

丈夫一聽都要氣炸了，他萬萬沒想到，妻子竟然會在酒裡兑水！他衝著妻子大吼一句，把剩下兑了水的酒全都倒掉。妻子這樣的行為，徹底將他們苦心經營多年的名聲給砸了。

自那以後，丈夫儘管竭力挽回妻子造成的損失，可是「酒裡兑水」這件事還是引起顧客極大不滿，酒鋪的生意日漸冷清，後來不得不關門停業。

誠實可以讓人的心靈變得高尚，也可以使人活得更輕鬆。只要說了一句謊話，便需要更多的謊言圓謊。誠實守信是世界上最好的廣告，很多廠商、公司的名字和品牌，僅因為誠實守信，就價值數百萬美元。然而，現代人最難的處世原則就是誠實，不只對他人誠實，對自己也要誠實。

世界需要誠實的語言，誠實的行為才能拉近人與人之間的距離，才能使我們在複雜的社會中保有自我。如果整天活在謊言裡，將會左右為難、處處碰壁，找不到真實的出口。當一個誠實的人，保持優良的品格，將永遠堂堂正正、受人尊敬地矗立在這個多變的世界。

哈佛腦力激盪

測測看你的判斷力如何吧！

Q1 找出邏輯錯誤：

一年有三百六十五天，安妮每天睡八小時，一年中睡眠約佔一二二天，還剩下二四三天。安妮每天通勤時間為一小時，加上七小時用於閱讀、娛樂，又佔了一二二天，剩下一二一天。除去五十二個星期日，只剩六十九天，但每天吃飯用掉一小時二十分鐘，一年又用掉二十天，只剩下四十九天。安妮每個星期六休息半天，一年佔了二十六天，這樣只剩下九天。扣掉安妮公司一年有九個法定假日，安妮等於沒有工作時間了。

Q2 假設美國製造業和服務業今年共值五千億美元，假定人類一千年後不會毀滅，美國製造業和服務業創造的年價值是多少？

Q3 賽馬場上，三位賭馬好手用各自的方法，賭完七輪比賽，何者花費的賭注最少？

A. 魯比在第一輪下賭注一百元，第二輪一一〇元，第三輪一二〇元……每一輪賭注都比前一輪增加十元，直到馬贏了為止。

B. 普特第一輪下賭注十元，第二輪十五元，第三輪三十元……每輪賭注都是前幾輪輸掉金額的總和，再增加五元。

C. 鐘斯下賭注第一輪十元，第二輪二十元，第三輪四十元……每輪賭注都將前一輪加倍，直到馬贏了為止。

參考答案

1. 某些時間重複計算，例如：將全年睡眠時間除去一二二天，但是五十二個星期日也被除去，這些睡眠時間就重複計算了。
2. 答不出。
3. A

3 別總是指點孩子權宜之計，而要提醒他不輕易許諾

鼓勵孩子的一句話

我寧願被控訴打破先例，也不願失信於人。

——約翰・甘迺迪

誠信向來被視為人的處世之本、立世之基。如前文所述，哈佛在錄取學生時，設有嚴格的誠信審查機制，一旦發現任何不誠實的行為，就會直接加以淘汰。哈佛要培養的不僅是世界一流的學術人才，更是道德上的優秀人才。

哈佛人深知，在資訊時代講究誠信非常重要，所以時刻都以誠信自律。講究誠信

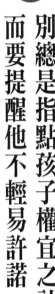

的個人和企業，最後總會獲得良好的名聲，對日後的成長和發展十分有利。如果只為了眼前的利益而放棄誠信，很可能造成長久且重大的損失。誠信就像砝碼，只要在人生的天平放上它就不會失衡。為了讓學生明白誠信的重要性，一位哈佛教授舉了以下的例子：

美國前總統林肯在競選總統時，對選民講話很誠懇。林肯在競選時沒錢坐專車，所以像普通乘客一樣買票坐公車，他甚至沒有錢搭建演講台，只能站在朋友準備的一輛耕田用馬車上，向選民發表演說。

林肯說：「有人寫信問我有多少財產，我有妻子和兒子，他們都是無價之寶。此外，我還租了一間辦公室，室內有一張桌子、三把椅子，牆腳還有一個大書架，架子上的書值得每個人一讀。我本人又窮又瘦，臉又很長、不會發福。我實在沒有什麼可依靠的，唯一可依靠的就是你們！」林肯的這席話給人們留下非常深刻的印象，被人們稱為「誠實的林肯」。

成績不好、能力有限的人還值得培養，但如果誠信有問題，連培養的機會也得不到，因為沒有誠信的人即使成就再高，也不會對社會有益。哈佛非常重視學生的社會責任感，所以絕不會錄取沒有誠信的人。

哈佛的畢業生還有一個傳統：捐助哈佛。哈佛大學三分之一的資金來自於捐助，許多學生的家長也是哈佛校友，一代代哈佛人走入社會上層，又把財富回饋給母校，這些人每年的捐款都是哈佛重要的收入。

哈佛只有紅磚牆，沒有高樓大廈，即便是諾貝爾獎得主，在哈佛校園裡也只有個不起眼的停車位。一位哈佛畢業生說：「培養誠實的普通人，遠比縱容欺詐的碩士來得重要。」那麼，應該從哪些方面培養誠信呢？哈佛人提出以下建議：

1. 注意細節

許多人常不拘小節，忽視失信於小事的嚴重性，例如：有借不還、總是遲到甚至失約、答應別人的事無法兌現等。如果這樣的小事多了，先不說別人對你的評價，自己也會養成不守信用的習慣，為將來埋下隱患。

2. 不要輕易許諾

如果真做不到，就真誠地說「不」，這才是誠信的態度。如果什麼事都拍胸脯輕易允諾，或是礙於情面勉強答應別人，只會給自己增加不必要的負擔，還會埋下失信於人的可能性。不輕易許下承諾的意思當然不是冷眼旁觀，而是在做出承諾前，視情況量力而為。

3. 注意自我修養

誠實無欺是獲得他人信任的重要條件。只有隨時糾正自己的缺點，行動踏實可靠並言出必行，才能建立良好的信譽。

4. 不欺騙

不管在哪裡，我們都要保持誠信。人若無信，便是喪失品德，不僅影響自己，還傷害他人，這樣的人非但得不到信賴，更難交到知心的朋友。

5. 要謹慎

除了要求自己誠信做人，還要學會行事謹慎，對外在有敏銳的覺察力。不肖之徒時常潛伏於生活中，有時候失信於人錯不在己，而是遭人欺騙。

說出口的話就像潑出去的水無法收回，如果總是大開空頭支票，而不付諸實踐，將失去別人的信賴。「輕諾者寡信」，隨口答應卻無法兌現，是失信的最大原因。

誠信是為人處世的根本，對人誠信等於替自己鋪一座堅實的橋樑。投機取巧或許能得到眼前的小利，卻會失去信譽和往後的潛在利益。有些人本性誠實，卻因為曾經吃虧，漸漸變得滑頭，和誠信漸行漸遠。要改掉壞習慣很難，要放棄好習慣卻很簡單，只需一次次地遷就自己。

說實話、辦實事可能毫無意義，既無法獲利，還可能吃虧，但這種虧就像儲蓄中的零存整付（注5），在未來的某一天，肯定會帶來財富和回報。

注5 零存整付是指在約定期限內，定期存入固定金額，約定期限到期後一次提領本金與利息。例如：每月存一萬元，假設年利率百分之一，一年後可拿回十二萬六百五十二元。

相反地，欺詐的人可能僥倖得到一時的利益，卻失去他人的信任，好比撿到一粒芝麻，卻丟掉一座穀倉。用錢也買不到誠信，想獲得良好的人際關係，只能採取「以誠換誠」的對等原則，待人不誠的人得不到真誠相待。

哈佛心理測驗

測一測你是否具有團隊合作精神？

Q1 當你與他人針對某個問題爭論不休時，你怎麼解決問題？

A. 嘗試溝通　B. 堅持己見

C. 堅持己見，但不強求認同　D. 請第三者公平論證

Q2 你做錯一件事，卻不巧被別人發現，你如何應對？

A. 主動承認　B. 堅決否認　C. 找藉口來掩飾錯誤　D. 推卸責任

Q3 你和同伴外出遊玩時，感到口渴難耐，碰巧看見遠方一棵結滿果實的梨樹，你會怎麼做？

A. 找同伴一起　B. 自己先解渴　C. 讓同伴去摘　D. 只告訴最要好的同伴

得分計算

選A得四分，選B得三分，選C得二分，選D得一分

答案分析

11分以上：非常重視團隊合作，有溝通的習慣和觀念。

8～10分：有較強的團隊合作精神，對自己很有信心。

5～7分：團隊合作精神一般，不願與人形成對立，人際關係薄弱。

3～4分：團隊意識相當薄弱，個人主觀意識不強。

4 哈佛教導孩子建立自信，讓自己的未來變得簡單

鼓勵孩子的一句話

世界的更迭不只取決於偉大的英雄領袖，誠實又辛勤的百姓同樣值得稱頌。

——美國著名作家與講師 海倫・凱勒（Helen Adams Keller）

美國許多知名大學爭相錄取課外活動表現突出的學生，因為不僅能從中挖掘他們多方面的素質潛力，還可以培養自信心。

美國中學生的課外活動多達四、五十種，分為學術、娛樂、體育和社區等類別，另外還有自然科學、數學、電腦、寫作、編輯、辯論等社團，以及娛樂性質的話劇

社、合唱團、樂隊、舞蹈社、攝影社、橋牌社、未來農民社、少年企業家社等，也不乏各種體育運動校隊、體操隊、啦啦隊等。

課外活動能夠幫助學生提升才幹和自信，有利於適應社會，還可以培養競爭心、責任感、領導能力和人際關係等。課外活動表現突出的學生，將來踏入社會後很可能成為學術或政治方面的優秀人物。

美國知名作家亨利・梭羅（Henry Thorea）曾說：「**自信地朝你想的方向前進！過你想過的生活。**」在自信的激勵中，人生的法則會變得簡單，孤獨者將不再孤獨，貧窮者將不再貧窮，脆弱者也將不再脆弱。只有不自信的人才會把心思用在不正確的地方，變得善於欺騙。哈佛教授把人的信心比喻成內心深處的生命之火，一旦點燃這團生命之火，就會綻放動人的光彩：

有一位窮途潦倒的年輕人，為他的一無所知感到自卑，覺得自己毫無用處。年輕人為生活所迫，決定去拜訪父親的一位老朋友，請求他幫忙找一份能夠糊口的工作。

父親的朋友問：「你有什麼特長嗎？」

年輕人誠實地回答說：「我沒有任何特長。」

「那你精通數學嗎？」

「沒有。」

「那你懂地理嗎？」

「只懂一點。」

「那你了解法律嗎？」

「很抱歉，我什麼也不會。」

年輕人滿臉通紅，感到無地自容。當他準備告辭時，父親的朋友叫住他說：「請把你的名字和住址寫在這張紙上吧！」

年輕人寫下自己的名字和住址，正準備再次轉身離開時，父親的朋友一把拉住他說道：「你的名字寫得很好，這就是你的優點。你不應該只滿足於一份糊口的工作。」

能把名字寫好也算是優點？年輕人從父親的朋友那裡得到一個肯定的答案，於是他信心大增，心想：「我能把名字寫好，表示我能把字寫好。既然我能把字寫好，我就能把文章寫好。」年輕人抱著積極的心態，一點一滴放大自己的優點，徹底拋下原有的自卑，奔向自信。多年後，這位年輕人果然寫出享譽世界的經典作品，他就是法國著名作家大仲馬（Alexandre Dumas）。

哈佛教授認為，每個人都有自己獨特的優點，有的人較為明顯，有的人較為隱晦，有的人較為單一，有的人則較為全面。真正擁有智慧的人會尋找並放大自己的長處，在此過程中，隨著自信心不斷增加，能力也會逐漸提升。因此，我們要善於觀察，敏銳地發掘自己的優點，讓它們陪伴自己成長，別因為眼前的不如意，或者他人的負面評價而喪失信心。

發現優點後，最重要的就是做適合自己的事。如果總是做不拿手的事，可能因為能力不足而無法完成任務，甚至讓自信心受到挫傷。相反地，若把精力花在擅長的事情上，就能激發積極性和自信，更容易把事情做好。另外，不斷給予積極的心理暗示，經常告訴自己「我能行」、「我一定可以度過難關」，也有助於培養信心。

美國海洋生物學家瑞吉兒・卡森（Rachel Carson）說：「**很多失敗者都犯了相同**

的錯誤，他們對自身具有的寶藏視而不見，反而拚命羨慕或模仿別人。殊不知成功就是自信地走自己的路。」事實上，我們每個人都擁有的寶藏就是自信心。沐浴在自信的海洋中，將產生一股巨大的力量，推動自己一步步邁向更高的人生階段。

在學習的過程中，自信心不足的人經常為了省事，直接抄同學的作業，或是不願在考前認真準備。其實，這種只圖一時輕鬆的投機心態，會使思考與學習能力在不知不覺中下滑，想再迎頭趕上，恐怕相當困難。

學習任何事都一樣，如果不從最基礎的地方扎實學起，有可能走到某個階段後，就會寸步難行。道理如同建造房屋，若地基不牢固，即使輕微的地震，也可能把房屋震垮。

每門科目都有不同的特點和學習要領，比方說，數學的學習方法可能不適用於歷史，把學習英語的要領運用於化學會格格不入。但是，很多同學不太了解這個道理，只是一味將同樣的學習法套用於所有課程，於是在學習時感到吃力，也無法提高效率。唯有下定決心，才能改變根深柢固的不良習慣。我們應該盡可能多接觸各種不同的學習方法，揣摩老師傳授的學習經驗，試著糾正錯誤的學習習慣，而非把心思用在

哈佛心理測驗

你是個自信的人嗎？

Q1 一旦下定決心，即使沒有人贊同，也會堅持做到底嗎？
Q2 參加運動會開幕式時，不論台上誰在致詞，想上廁所就直接去嗎？
Q3 你傾向於親自到商店購物嗎？
Q4 如果店員服務態度不好，你會告訴他們的主管嗎？
Q5 你經常欣賞自己的照片嗎？
Q6 別人批評你時，你從不覺得難過嗎？
Q7 你通常有話直說嗎？
Q8 當別人讚美你時，你大方接受嗎？
Q9 你認為自己的能力不比別人差嗎？

Q10 你是個受歡迎的人嗎？

Q11 你很有幽默感嗎？

Q12 在危急時刻，你很冷靜嗎？

得分計算

答「是」得一分，答「否」得零分。

答案分析

9～12分：自信心十足，明白自己的優點和缺點。

5～8分：頗具自信，但對自己有些懷疑。

5分以下：不太自信、自我壓抑、受人支配。

5 莎士比亞說：「老實最能打動人心」

鼓勵孩子的一句話

失足，你可以馬上重新站起來。失信，你也許永難挽回。

——富蘭克林

誠實是一種能夠打動心靈的美妙樂音，會在周圍產生美好的漣漪，然而檢驗人格的試金石總是在無人知曉的情況下現身。我們在生活中經常遇到各種誘惑，但只要堅持誠實的原則，一定可以戰勝誘惑、拒絕成為它的俘虜：

一個週六的晚上，詹妮像往常一樣出門替媽媽領工資。詹妮在馬廄裡遇到農場老主人安德魯，而安德魯顯然正在氣頭上，當詹妮開口向他拿工資時，他一言不發馬上就遞出。

詹妮走出馬廄後，發現安德魯給的不是一張鈔票，而是兩張。她走在回家的路上，不斷問自己：「到底該不該拿這筆錢？」當她經過自家門前那座小橋時，耳邊響起媽媽曾說過的話：「你想要別人怎麼對你，就應該怎麼對待別人。」詹妮頓時恍然大悟，猛然轉身跑回農場。

安德魯驚訝地問她：「妳這回又有什麼事？」

詹妮用顫抖的聲音回答：「先生，您給我的鈔票不是一張，而是兩張。」

「這的確是兩張。」安德魯說：「難道你是剛剛才發現嗎？為何不早點把它送回來呢？」

詹妮頓時滿臉通紅，低下頭沒有回答。安德魯看到淚珠順著詹妮的臉頰滾落，於是從口袋掏出一美元給她。

「不，謝謝您，」詹妮抽泣著說：「先生，如果您有過連生活用品都買不起的時候，一定會知道，要時刻做到待人如待己，對我們來說是多麼困難。」

一向自私的安德魯聽了這番話後深受感動，也為自己的行為感到羞愧。詹妮如釋重負地回到簡陋的家中，在此後的一生，她從沒有忘記，自己是如何抵制住那一次的誘惑。

莎士比亞曾說過：「老實最能打動人心。」多晚說實話都不嫌晚，因為誠實是培養健全人生的基礎。從社會面來說，不誠實的人可能會損害集體和國家利益，從教育面來說，不誠實的人足以影響孩子成人後的品格。在兒童時期，成長的主要養分就是真善美，培養孩子誠實的品行是一個長期的過程，需要家長、孩子、學校和社會的共同努力。畢竟，改掉一個壞習慣要比塑造好習慣難得多。

有人曾說過：「世界上沒有純粹的好人和壞人，也不全都是商人，一切視情況而定。人都有弱點，而最大的弱點就是貪婪和恐懼。」既然已知道貪婪和恐懼是最大的弱點，為何不做個無私無畏、不說謊話的人呢？

當你內心貪婪時，就是個貪婪的人。只有能做到不貪求回報，心懷社會責任，才能在複雜的社會裡，保有自我、昇華自身人格。

誠實面對自我而不加以掩飾，主動承認自己的錯誤，能讓你得到他人的敬重。用品格征服他人，才是人生大智慧的表現。哈佛菁英練就的是「言必信，行必果」、「一言既出，駟馬難追」的品行。

如果沒有誠信，即便有再多的知識也是徒然，但如果堅守誠信，就算學歷不高，也能寫下輝煌的一生。

一家名列世界五百大的企業正在招聘新人，前往應聘的人大多具有高學歷。一位求職者走進房間，主考官有如巧遇知己般露出興奮之色，熱情地問他：「你不是哈佛大學某某系的研究生嗎？我比你高一屆，你不記得我了？」

這位求職者心想，如果承認自己有哈佛學歷，絕對有好處，但是他一向誠實，於是冷靜地回答：「先生，你可能認錯人了。我不是哈佛大學畢業的，雖然我很嚮往那裡。」

年輕人覺得自己不會被錄取，心中難免有些失望。沒想到主考官卻和顏悅色地對他說：「你很誠實，剛才的問題就是考試的第一關。現在進入第二關，進行工作水準測試……」最後，這位年輕人如願被錄取。如果一開始年輕人冒認自己是哈佛畢業生，後果就可想而知了。

在隨處充滿謊言的時代，更要具備誠實做人的良好習慣，這不只關係到自己一生的聲譽，更關係到人格的養成。正所謂「無信不立」，若想在社會上立足，就必須講求誠信、遠離欺騙。要做到誠實守信其實不難，唯做事實在、勇於承擔責任而已。相信擁有誠實的習慣後，自己的道路也會愈走愈順。

哈佛心理測驗

測一測你的學習和工作態度吧！

Q 假如朋友邀你一同釣魚，你會選擇到哪個地方垂釣？

A. 海岸邊　B. 山谷的小溪

C. 坐船出海　D. 人工魚池

答案分析

選擇A的你相當講究投資報酬率，喜歡以最少的資本追求最高的利潤，非常有生意眼光。

選擇B的你對學習不是很投入，雖然有遠大的眼光，卻缺乏衝勁。

選擇C的你是個學習狂，拚命起來沒大腦，只會聽令行事。

選擇D的你成功且理性，只打有把握的仗，自信心十足，頭腦清晰冷靜。

NOTE

NOTE

每一次的失敗都隱藏一個重生的機會，每一次的失敗也可能孕育一顆成功的果實。如果你能夠預見這顆還未成熟的果實，多幾次失敗也不見得是壞事。

PART 5

失敗這回事：當孩子感覺艱難，代表他走在上坡路

1 上一堂哈佛「挫折課」：在失敗中找到成功的新芽

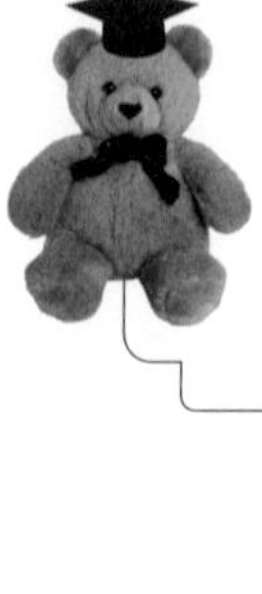

鼓勵孩子的一句話

敢於挑戰失敗的人更容易步向成功。

——約翰・甘迺迪

哈佛大學十分重視成功與失敗的教育，因為成功與失敗是一對孿生姐妹，每個成功者的背後都寫滿了失敗、挫折等逃避不了的命運。人生不如意之事常有，當你的生活遭遇低潮時，你會放棄嗎？經歷一次次失敗與挫折後，你會被打倒嗎？

英國哲學家伯特蘭・羅素（Bertrand Arthur William Russel）這樣評論挫折：「要使整個人生都過得舒適、愉快是不可能的，因此人類必須具備能應付逆境的態度。」

生活的道路從來都不平坦，坎坷和突如其來的困難是我們無法預料的，但是我們可以決定用什麼態度面對挫折。

你想就此被困難擊倒，還是接受無法回避的痛苦？換個角度說，遭受挫折的時刻，正是生命中最多選擇的時刻。你會選擇抬起頭承受，還是低下頭投降？最終的成敗取決於如何對待命運給予你的煎熬。

有個小男孩在父母關愛下，跌跌撞撞地學步。小男孩興奮地跑著，沒有注意到前方的一塊小石頭而被絆倒，跌坐在地上哇哇哭了起來。母親連忙跑過去，卻沒有急著把男孩扶起來。

「孩子，不要哭。若是跌倒，就想辦法抓一把沙子。」母親微笑著對男孩說。

男孩似懂非懂地看著母親，並將這句話牢記在心。多年後，男孩長大了，漸漸明白母親話中的含義：「你之所以會被小石頭絆倒，是因為沒有發現它的存在，所以你跌倒後應該撿起它，以免在同一個地方絆倒兩次。跌倒後，要想辦法抓一把沙子，因為那些沙礫代表渺小的機會，只要積極把握，就是在為自己累積成功的可能性。」

男孩牢記母親的教導，經常睜大雙眼細心地看世界。因為他知道，即使跌倒了，仍能找到代表機會和成功的沙礫，即便遭遇失敗，也能從失敗中有所收穫。

失敗不可怕，只要能夠像故事中的小男孩一樣，從摔倒的地方爬起來，並不忘抓住希望的沙礫，那麼失敗就是成功的萌芽。哈佛的校園裡流傳著這樣一段經典對白：

「您是如何成功的？」

「四個字，正確決策。」

「那麼您是如何取得正確決策的？」

「兩個字，經驗。」

「您的經驗來自哪裡？」

「四個字，錯誤決策。」

每一次失敗都隱藏著重生的機會，每一次失敗也能孕育出成功的果實，如果你能夠預見這顆還未成熟的果實，多幾次失敗也不見得是壞事。每個成功人士的背後，都刻著無數失敗的故事，每一條成功的道路上都佈滿荊棘，挫折是通往成功的必經階梯，失敗是獲取成功必須付出的代價。

愛迪生在失敗了數千次後，終於發明能實際應用於商業的白熾燈，引領他成功的並不是一句「相信就能做到」，然後繼續乾坐在實驗室，而是加倍努力、滿懷鬥志，進行看似沒有盡頭、屢屢失敗的實驗。

貝爾在研究時，也經歷一次次的失敗與打擊，終於靠著努力鑽研攻克難關，成功發明電話。萊特兄弟使用了與他人相同的機型，但在前人失敗的基礎上，給翼邊加上可動的機翼，使得飛行員能夠控制機翼，保持飛機平衡，最終找到突破口，很快獲得成功。

無數成功的例子告訴我們：人生在面臨艱難困苦時，與其在挫折和失敗中垂頭喪氣，不如積極尋找成功的可能性，反而能領悟到先前從未意識到的解方。

班夏哈是哈佛的明星教授之一，他的開場白有些與眾不同，在開講前先稱讚學生的走路姿勢優美，由此帶入到當天的主題——如何面對失敗。教授提醒學生，每個人都必須經歷蹣跚學步，才能走出如今優美的步伐，因此每個人也要經歷無數次失敗，才能走向成功。班夏哈教授本身也走過無數挫折，才得以站在哈佛講台上侃侃而談：

曾夢想進入NBA打球，但因為身體條件不允許而被淘汰。

第一次追求女生時，被對方以「沒興趣」拒絕。

小學時曾是全班唯一不及格的學生。

教授坦言失敗並不可怕，**想提高成功的機率，唯一的辦法就是「把失敗的機率提高兩倍」**。最後教授贈予在場所有同學一句名言：「若不從失敗中學習，將會在學習中嘗到失敗的後果」（Learn to fail or fail to learn.）挫折和失敗是邁向成功的階梯，藏在失敗背後的是新生的機會，只有好好把握，才有可能鑄就自己的未來。

哈佛心理測驗

面對困難和挫折時，你的承受能力與抗壓力如何？

Q1 你會被焦慮影響嗎？

A. 會，無法繼續做任何事　B. 沒有影響　C. 介於以上兩者之間

Q2 當遇到令人頭疼的競爭對手時，你怎麼應對？

A. 想怎樣就怎樣　B. 冷靜並克制自己的情緒　C. 介於以上兩者之間

Q3 當你失意時，選擇放棄還是重新來過？

A. 放棄　B. 吸取這次教訓，從頭再來　C. 介於以上兩者之間

Q4 當事業不順利時，你能集中注意力嗎？

A. 無法集中注意力　B. 努力解決問題　C. 介於以上兩者之間

Q5 你因為事情做不完而感到疲勞時，通常會表現出何種情緒？

A. 無法思考　B. 堅持做完　C. 介於以上兩者之間

Q6 自己的條件和所處的環境很差時，你會放棄嗎？

A. 放棄　B. 想辦法改變現狀　C. 介於以上兩者之間

Q7 你正處於人生的低谷，打算如何突破？

A. 聽天由命　B. 積極奮鬥　C. 介於以上兩者之間

Q8 遇到棘手問題難以解決時，你怎麼辦？

A. 垂頭喪氣　B. 盡全力做好　C. 介於以上兩者之間

Q9 遇到自己難以解決或是不想做的事情時，你會繼續做嗎？

A. 拒絕接受　B. 想辦法做好　C. 介於以上兩者之間

Q10 遇到人生的重大挫折時，你如何應對？

A. 徹底喪失信心　B. 再接再厲　C. 介於以上兩者之間

得分計算

選A得零分，選B得二分，選C得一分。

答案分析

0～9分：你不能承受挫折的打擊，遇到一點挫折，就不知所措、灰心失望。

10～16分：你對某些挫折打擊有一定的承受能力，但是仍然會表現出脆弱。

17分以上：你是個堅強的人，對於挫折有很強的承受能力。

建議得分0～9分的人，可以多參加能鍛鍊意志和增強抗壓力的活動，或者多讀些勵志書籍，並學習在失敗中提高自己的抗壓力。也可以請教意志堅強、性格樂觀的朋友，請他們給予建議和鼓勵。當然還可以找心理醫生諮詢，針對你個人的具體情況提出相應的改進方案。

建議得分10～16分的人，遇到挫折時，盡可能朝好的方面想，等到冷靜分析情況，例如：挫折產生的根源為何，自己能否解決等，再做出決定。

❷ 父母不問「是否第一」，只問孩子「是否盡力」

鼓勵孩子的一句話

嫉妒與夢想對立，與其總是虎視眈眈他人的財富，不如充實自我，充分施展出自己的潛力。

——哈佛商學院院長尼廷・諾里亞（Nitin Nohria）

《美國新聞與世界報導》（*U.S. News & World Report*）每年都會公佈美國私立大學排名。二〇一八年奪得首位的是普林斯頓大學（Princeton University），哈佛大學以微小差距緊跟其後。但是，這絲毫不影響哈佛舉足輕重的地位，也不會熄滅莘莘學子對哈佛的嚮往。

在哈佛校園裡，經常見到同學互相幫忙、一起努力的情景，卻很少聽到有人為了成為第一名而努力。哈佛的學生都很優秀，沒有必要就「誰最優秀」的問題一爭高下。有個哈佛學生曾經說：「我覺得最重要的是盡力做。進入哈佛學習本身就是在追求最高目標，判斷自己是否已經盡全力，比爭第一名的虛名更加重要。」

曾經有媒體採訪考上名校的學生，詢問他們「是否想當第一」時，幾乎所有的學生都回答「沒有」。進一步追問原因後，發現他們的回覆非常相似：「只爭取自己做到最好，不強求第一。」

古人云：「謀事在人，成事在天，不可強也！」但是，不爭第一不代表不求上進，而是盡自己所能之後，不強求結果。

美國第三十九任總統吉米・卡特（Jimmy Carter）畢業於海軍學院，某天他遇到就學時期的海軍上將。將軍讓卡特說幾件對自己滿意的事，他便洋洋得意地談起在海軍學院時的成績，滿心期待將軍的誇獎，沒想到只換來一句反問：「你盡了自己最大的努力嗎？」這句話使卡特非常震驚，他一言不發、沉默很長一段時間。

年輕的卡特將這句話牢記在心，並當作座右銘，時時激勵和告誡自己。他不斷進取而不自滿，盡最大的努力做好每一件事，最後終於登上權力頂峰，成為美國第三十九任總統。卡特卸任之後，更以《你盡最大努力了嗎？》（*Why Not the Best?*），作為回憶錄的標題，以發揚不停進取的精神。

那麼，如何理解「不爭第一」背後的意義呢？以下幾點有助於養成積極進取的習慣，培養精益求精的精神。

1. 你永遠都不知道，還有多少人比你更努力

你一天上九節課，外加兩節晚自習，但是你不知道夜深人靜時還有多少人挑燈夜戰。你可以一天寫完兩支筆芯，至少五份考卷，但是你不知道有多少人做完考卷後，另外做了課外題。總有人比你努力，而你永遠不知道比你努力的人還有多少。

2. 坦然面對失敗，其實我可以做得更好

也許你從未想過，其實只要多考慮一點，就會得到不一樣的結果，或是只要多努力一下，就可能扭轉局面。健康、真實、快樂的生活並不是一條直線，而是起伏的螺旋。成長的途徑不只一條，一時失足而失敗也在所難免。就像格奧爾格・黑格爾（Georg Wilhelm Friedrich Hegel）的「否定之否定規律」（注6）所述，人生有起有落，經歷困難後往往會獲得更好的發展。從失敗中學習，是人生的必修課。

3. 不要害怕犯錯，道路還很長

對年輕學子來說，不管是成功還是成長的旅程，路都還很長遠，不要好逸惡勞，而是抬起頭繼續走。美國作家阿爾伯特・哈伯德（Elbert Green Hubbard）曾說：「一個人能犯的最大錯誤，就是害怕犯錯。」

「失敗大王」的人生經歷無數的失敗。二十二歲的他，剛找到新工作沒多久就失業了。二十三歲時，他決定投入政治，卻沒有成功，只好回去繼續經商，但遺憾的是

又遭遇失敗。二十七歲時，他因壓力太大而精神崩潰，但沒過多久又重新站起來。七年後，他三十四歲時，決定競選國會議員，卻名落孫山。但他沒有學乖，五年後又在議員選舉中落選。沒被挫折打倒的他說：「讓我試試更高層的目標。」到了四十七歲，他試圖競選副總統，又再次落選。五十歲時，他幾乎想放棄，卻還是競選參議員，並堅持到最後一刻。

到了五十二歲，他終於當選美國第十六任總統。他就是林肯，美國歷史上最有影響力的總統之一。他談起這段經歷時說：「失敗讓人痛苦」，但還是挺過來了。和歷史上其他成功者一樣，林肯懂得成長無非是在失敗中學習。

不爭第一，並不表示不用努力，也不代表不需要成長。不爭第一，要的是盡力而為，靠的是全力以赴。做到百分之百的努力之後，你會發現第一已經沒有那麼重要。

注6 否定之否定規律（*negation of the negation*）為黑格爾在《邏輯學》中的三大辯證法之一（另外兩個為對立統一規律、質量互變規律），此定律認為一切事物的發展非直線式前進，而是螺旋式上升，且也強調現實事物都存在著矛盾，為一對立統一的關係。

哈佛心理測驗

你是否夠努力？

Q 課堂上表現出的行為，可顯示出你是否夠努力。你在課堂上聽老師講課時，通常會採取怎樣的方式？

1. 將老師講的話全部記下來
2. 只記下老師講的重點
3. 只重點標出自己認為疑難的地方
4. 以「考前猜題」的心態聽課

答案分析

選擇1的你是個勤奮好學的人，不過在學習方法上需要改進。

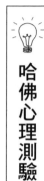

選擇2的你理解能力超強，因為時常抓到重點，所以成績一直不錯。

選擇3的你是個注重系統性學習的人，在學習上有自己的一套方法和習慣。

選擇4的你學習動機不太恰當，總想著投機取巧，而不踏實學習。

3 失敗面前人人平等，如何引導孩子化危機為轉機？

鼓勵孩子的一句話

不能讓失敗定義你，你必須把失敗當作導師，並讓失敗經驗指引你，如何在下一次有不一樣的作爲。

——歐巴馬

哈佛的課堂經常教導學生失敗的意義，甚至鼓勵學生勇於面對挫折。失敗並不可怕，可怕的是沒有發揮失敗的價值，若能夠及時總結，並發現失敗的原因，才能化為人生的助力。學生時代會遭遇形形色色的挫折，如果我們能自省，其實可以將失敗看作成功的基礎。

世上不存在失敗的人生，只有沒達到目標的人生。哈佛大學教育學生：「人生不怕犯錯，就怕一錯再錯。」失敗在所難免，但千萬不要默認它的存在，即使只是一點小小的錯誤，都應從中收穫些什麼，由此來籌劃下一次的成功。

知名跨國零售企業沃爾瑪公司（Walmart）有位總經理，曾在週刊上發表一篇文章，其中有這樣的一句話：「**如果一個人犯兩次同樣的錯誤，那是悲哀的。**」失敗時要抓住重新學習與修正的機會，並找到彌補的辦法，謹記失敗留下的教訓，千萬不要因為這些漏洞，導致第二次失敗。

關於這一點，愛因斯坦的做法很值得參考：

當愛因斯坦進入普林斯頓高等研究院（Institute for Advanced Study，簡稱IAS）時，辦公室的管理人員問他需要什麼用具。愛因斯坦看了看周圍說：「我需要一張桌子或檯子、一把椅子、一些紙，還有幾支鋼筆。最重要的是，我需要大一點的垃圾桶，好將我的錯誤都扔進去。」

人們追求卓越的過程，其實就是一條不斷總結失敗、丟棄錯誤及學習真理之路。成功學之父拿破崙・希爾（Oliver Napoleon Hill）曾說，失敗面前至少有三種人：

第一種人，遭受失敗的打擊後一蹶不振，既沒有勇氣，也沒有頭腦。

第二種人，失敗後雖然沒被打垮，卻不知反省，有勇無謀地憑一腔熱血往前衝。

第三種人，失敗後有勇有謀，能夠及時審時度勢、吸取教訓。

美國職業籃球聯賽（NBA）被稱為「美國四大職業體育聯盟（注7）」之一，是美國第一大職業籃球賽事，擁有世界最高的籃球水準。

聯賽中誕生了眾多籃球明星，麥可・喬丹（Michael Jeffrey Jordan）可說是其中的偉大球員之一，他擁有無數的籃球粉絲，受到全世界球迷和體育界人士的關注。現今舉世矚目的喬丹，過去也不乏種種失敗，他曾說：「在我的職業籃球生涯中，有超過九千顆球沒投進，輸掉將近三百場球賽，有二十六次因為失手而沒拿下最終決勝的一分。我的生命充滿了無數次的失敗，正因為如此，我成功了。」

正如哈佛教授所說：「了解自己為何失敗，失敗將成為你的個人資產。」然而，失敗固然能讓人看清自己的弱點，卻無法像投資一樣放長線釣大魚。那麼，該如何讓失敗成為成功的墊腳石呢？

1. 相信沒有永遠的失敗

哈佛人認為：「世上沒有永遠的失敗，只有暫時的不成功。」任何困難都有解決的辦法，在自信的哈佛人眼中，一切阻礙成功的困難都只是迷霧，總有一天會散去，最終能贏得屬於自己的一片森林。

注7 美國四大職業體育聯盟包括了美國職業籃球聯賽（National Basketball Association，簡稱NBA）、美國職棒大聯盟（Major League Baseball，簡稱MLB）、國家美式足球聯盟（National Football League，簡稱NFL）、國家冰球聯盟（National Hockey League，簡稱NHL）。

2. 注重研究過程

有的人過分糾結於失敗造成的後果，而忽視導致失敗的過程。「結果」是由一連串的過程所決定，只有仔細分析過程，才可能發現失敗的根源，並找出避免再次失敗的方法。

《哈佛商業評論》（*Harvard Business Review*，簡稱ＨＢＲ）中提到：「你要接受失敗和悲傷，並化悲傷為力量，將失敗踩在腳底下，一步步邁向成功。」在失敗面前，積極努力尋找失敗的原因，並總結出下一次進攻的方案，就再也沒有失敗可言，因為一切都只是成功的墊腳石。

哈佛腦力激盪

測試你的分析總結能力。

Q1 用小圓爐烤南瓜餅，每次最多只能同時烤兩個，每個餅的正反面都要烤，而每烤一面需要半分鐘。請問如何在一分半鐘內烤好三個南瓜餅？

Q2 桌子上有三瓶果汁，每瓶平均分給若干人喝，但喝各瓶果汁的人數不相等。已知其中一人同時喝了三瓶，且每瓶果汁喝過的量加起來正好是一瓶。請問喝這三瓶果汁的各有多少人？

Q3 今天是丹尼爺爺出生後的第二十個生日（出生那天不算在內），你能夠很快算出丹尼爺爺的生日是幾月幾日嗎？

Q4 奧勞是一名商人，在臨終前對即將臨盆的妻子說：「如果出生的是男孩，就把三分之一的財產分給他，妳留三分之二。如果是女孩，就把三分之二分給她，妳留三分之一。」奧勞死後不久，妻子就生下一對龍鳳胎（一男一女）。請問應該如何分配財產，才能符合奧勞的遺願呢？

Q5 大衛只能在每週一的晚上把髒衣服送到洗衣店，同時將乾淨衣服取回。請問：他至少需要有幾件衣服，才能保證每天都有乾淨衣服可穿？

Q6 妻子要丈夫幫忙買日用品，並將錢放在書桌上的信封裡。丈夫看見信封上面寫著「98」，便在商店裡買了九十元的東西，付款時卻發現他不足四元。丈夫回家後，把這件事告訴妻子，懷疑她點錯錢了。妻子卻笑說錯在丈夫。聰明的你知道這是為什麼嗎？

參考答案

Q1 將三個南瓜餅編號成A、B、C。先把A、B兩個餅放在爐上烤，半分鐘後，把A翻面、取下B、放上C繼續烤。過半分鐘後，取下A、放上B未烤過的一面，同時把C翻面即可。

Q2 喝這三瓶果汁的人數分別為二人、三人、六人。第一瓶有二人喝，每人平均喝半瓶。第二瓶每人平均喝三分之一瓶，第三瓶每人平均喝六分之一瓶。其中有一個人三瓶都喝了，加起來的量正好是一瓶。

Q3 丹尼爺爺的生日是：二月二十九日。西曆中，每四年才有一次二月二十九日。

Q4 按照奧勞的遺願，應將財產分為七等份：男孩一份、女孩四份、妻子兩份。

Q5 十五件。大衛在週一晚上送洗七件，並取回七件，而且當天他身上還要穿一件。

Q6 實際金額是八十六元，丈夫把「86」倒過來看成「98」了。

4 鼓勵孩子：當你感覺艱難，說明你走在上坡路

鼓勵孩子的一句話

當你陷入困境時，不要抱怨，你只能默默地吸取教訓。

——比爾・蓋茲

戴爾・卡內基在他的著作《羊皮卷》中寫道：「只要我一息尚存，就要堅持到底，因為我已深知成功的秘訣：堅持不懈，終會成功。」哈佛校園裡流傳這樣一個故事：

很久以前，有個養蚌的人想培育出世界上最大的珍珠，於是到沙灘上問沙礫是否願意變成珍珠，沙礫紛紛搖頭拒絕。正當養蚌人準備放棄而離開時，有一粒沙答應了。旁邊的沙礫都嘲笑它太傻，因為搬去蚌殼裡住，不僅要遠離親人、朋友，還見不到陽光、雨露、明月、清風，甚至缺少空氣，只能與黑暗、潮濕、寒冷、孤獨為伍，多不值得啊！但那一粒沙還是無怨無悔地隨著養蚌人離去。

幾年後，它成為一顆價值連城的珍珠，而那些曾經嘲笑它的夥伴，有的依然是海灘上平凡的沙礫，有的已化為塵埃！

正如哈佛教授班夏哈所說，每個人必須經歷蹣跚學步，才能走出優美的步伐，每一粒沙都要經歷千辛萬苦，才能成為珍珠。因此，唯有經歷無數次失敗，並從失敗中成長，才能到達成功的彼岸。

英國前首相邱吉爾（Winston Churchill）一生中最精彩，也是最後的一場演講，是在劍橋大學的畢業典禮上。那天，邱吉爾在隨從陪同下走進會場，慢慢地走向講臺，脫下大衣、摘下帽子，默默地注視台下上萬名的聽眾。過了一分鐘後，他說了一句：「永不放棄！」（Never give up!）接著，他穿上大衣、戴上帽子離開了。會場頓時鴉雀無聲，一分鐘後，響起如雷的掌聲。成就大事業的人都具有「永不放棄」的決心，而堅持到底是他們共同的默契：

哈蘭德・桑德斯（Harland David Sanders）是一間加油站的老闆，並經營一家小餐廳，專門販售自己獨創的炸雞。美味的炸雞經常讓前來加油的司機讚不絕口，甚至吸引顧客特地驅車前來。

好景不常，在桑德斯年近古稀時，加油站和炸雞店都倒閉了，他每月只能依靠政府救濟金勉強過活。桑德斯決心將獨創的炸雞當作事業的新起點，於是白髮蒼蒼的他穿著整齊的白色西裝，打上黑色領結，開著老福特汽車，帶著壓力鍋和五十磅的佐料桶上路了。

桑德斯拜訪數家餐飲店，為老闆當場製作炸雞。他說：「假如你們喜歡我的炸雞，我可以教你們製作方法，而且提供佐料，將特許權賣給你們。」

在之後連續兩年內，桑德斯被拒絕了一千零九次！那些老闆都覺得這個老頭很奇怪，看他製作炸雞簡直是浪費時間，更不願意與他合作。但是，桑德斯不氣餒地走進第一千零一十家餐飲店，終於聽到店家表示同意合作。從這刻起，桑德斯終於成功開創自己事業的第二春。

或許，大家不熟悉桑達斯這個名字，但他的人像肯定家喻戶曉。如今，他曾到處推銷的炸雞幾乎遍佈世界各個角落，它的名字就叫作「肯德基」。

連續遭受一千零九次拒絕，是怎樣的感受？可能有人嘗試數十次後就會放棄，但桑德斯即使屢戰屢敗，卻屢敗屢戰，不斷朝向目標努力。若說屢戰屢敗是天意，那麼屢敗屢戰就是堅持。「繩鋸木斷，水滴石穿」，在挫折和苦難面前，堅持可以能敲開成功的大門。那麼，如何培養出堅持不懈的習慣呢？

1. 當你感覺到艱難，說明你在走上坡路

在人生的道路上，沒有人總是一帆風順。如果你感到前所未有的困難，這代表你正在走上坡路，而完成任務後的收穫將非同小可，所以請堅持下去。

2. 再走一步，柳暗花明

人生是一場持久戰，難免疲憊消沉。當你想放棄時，不妨提醒自己：如果少走一步，將前功盡棄，如果多走一步，也許就柳暗花明。在人生的路途上，請一步步走下去，堅信下一步就能到達目標。

3. 只要自己不放棄，沒有什麼可以打倒自己

哈佛的學生明白：人生最大的失敗就是自我放棄。只要不放棄，總會有希望，夢想也會離你愈來愈近。請永遠記住，沒有什麼可以阻礙自己獲得成功。

堅持不代表一定會走向成功，但放棄一定意味著失敗。永不言棄的人一步一階梯，高山峻嶺也可以征服，然而三兩步就退縮的人，小小的山坡也會半途而廢。雖然堅持的路不好走，執著的腳步更是沉重，但是當你憑藉常人難以付出的心血，去追求勝利，就有可能抵達成功的彼岸！

哈佛心理測驗

測試你會為什麼而執著？

Q你在公園裡散步，但總覺得少了什麼。請問你覺得公園缺少的是以下何者？

A. 鞦韆　B. 蹺蹺板　C. 溜冰用的空地　D. 蹓狗的人　E. 噴水池

答案分析

選擇A的你容易牽掛家人，跌倒後為了不讓家人擔心，會默默重新站起來。

選擇B的你失敗後，會立刻靜下心反省，並參考很多寶貴意見，再重新出發。

選擇C的你永不服輸，只想做到最好，所以會在最短的時間內站起來。

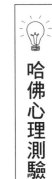

NOTE

Ink

附錄

超高效學習的實用工具

學習訂正筆記

範例

科　目	地理	整理時間	2018.6.29
單　元	地理第一冊 第11章	題目來源	105年學測 社會科第49題

題目類型

- ☐ 基本題
- ☐ 常見題
- ☑ 考古題
- ☐ 難題
- ☐ 其他

題目

圖為某四個臨海都市的氣候圖，假設四都市皆有一高度相同的尖塔，在12月22日正午12:00時，四都市上空皆萬里無雲，則哪個都市的尖塔陰影最長且朝向正北？

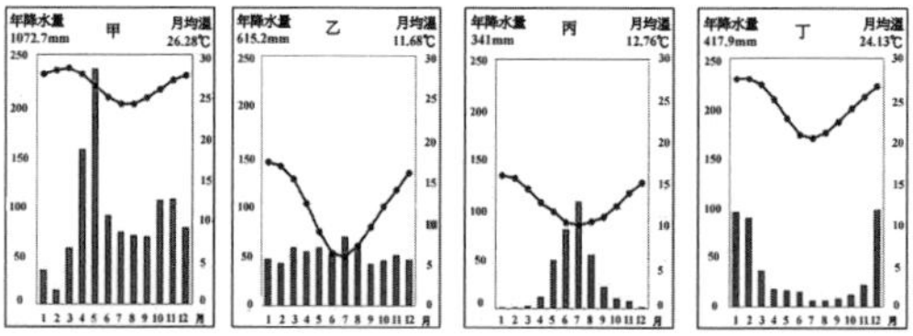

理解度

★★★★☆

答錯原因

1. 氣候類型的綜合運用不夠熟悉。
2. 氣候圖的分析有誤。

解答

12/22正午12點為冬至，太陽會直射南緯23.5度。
影子若要指向北，需要在南緯23.5度以北，而且距離南緯23.5度愈遠，影子愈長。

1. 甲氣候圖均溫在25度以上，降雨豐沛，可推測是熱帶雨林氣候。
2. 乙、丙氣候圖七月溫度低、月均溫偏低，可推測為南半球溫帶氣候。
3. 丁氣候月均溫高，但降水量偏少、年溫差較大，可判斷為熱帶莽原或熱帶草原氣候。

乙與丙為南半球溫帶氣候，可知位於南緯23.5度以南，因此影子指向南。甲為熱帶雨林氣候，位於赤道，距離南緯23.5度較遠。

◎可參考本書 59 頁。

◎從考卷、講義或考古題中蒐集錯題，可手寫以增加印象，也可用剪貼的方式儉省時間。

◎詳實寫下答錯原因，更能歸納、分析出學習不足的地方。

學習訂正筆記

<table>
<tr><td>科　目</td><td></td><td>整理時間</td><td></td></tr>
<tr><td>單　元</td><td></td><td>題目來源</td><td></td></tr>
<tr><td rowspan="2">題目類型

☐ 基本題
☐ 常見題
☐ 考古題
☐ 難題
☐ 其他</td><td colspan="3">題目</td></tr>
<tr><td colspan="3" rowspan="2"></td></tr>
<tr><td>理解度
☆☆☆☆☆</td></tr>
<tr><td rowspan="2">答錯原因</td><td colspan="3">解答</td></tr>
<tr><td colspan="3"></td></tr>
</table>

學習訂正筆記

<table>
<tr><td>科　目</td><td></td><td>整理時間</td><td></td></tr>
<tr><td>單　元</td><td></td><td>題目來源</td><td></td></tr>
<tr><td rowspan="2">題目類型

☐ 基本題
☐ 常見題
☐ 考古題
☐ 難題
☐ 其他</td><td colspan="3">題目</td></tr>
<tr><td colspan="3"></td></tr>
<tr><td>理解度
☆☆☆☆☆</td><td colspan="3"></td></tr>
<tr><td rowspan="2">答錯原因</td><td colspan="3">解答</td></tr>
<tr><td colspan="3"></td></tr>
</table>

學習訂正筆記

科　目		整理時間	
單　元		題目來源	

題目類型	題目
☐ 基本題 ☐ 常見題 ☐ 考古題 ☐ 難題 ☐ 其他	
理解度 ☆☆☆☆☆	
答錯原因	解答

學習訂正筆記

科　目		整理時間	
單　元		題目來源	

題目類型	題目
□ 基本題 □ 常見題 □ 考古題 □ 難題 □ 其他	
理解度 ☆☆☆☆☆	
答錯原因	解答

學習訂正筆記

科　目		整理時間	
單　元		題目來源	
題目類型 ☐ 基本題 ☐ 常見題 ☐ 考古題 ☐ 難題 ☐ 其他	題目		
理解度 ☆☆☆☆☆			
答錯原因	解答		

心智圖

範例

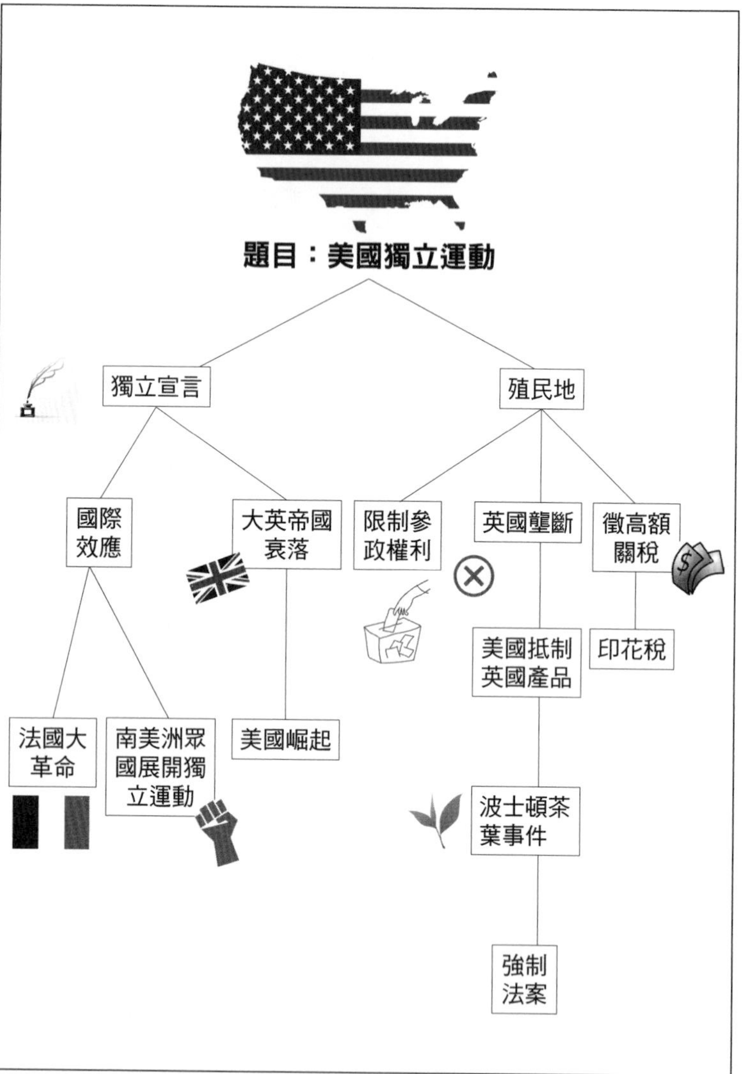

◎可參考本書 61 頁。

◎用圖像、分類的方式，能更快掌握學習要點，增強記憶力。

◎在學科中學到新的知識時，可以補充到自己的心智圖，就更能從概要開始了解該學科的發展。

心智圖習作

題目：

心智圖習作

題目：

心智圖習作

題目：

國家圖書館出版品預行編目（CIP）資料

哈佛第一名的自學法：教孩子面對考試、管理時間、克服失敗的5堂課 / 韋秀英著
－－初版. －－臺北市；大樂文化, 2018.06
面； 公分. –（Power：016）
譯自：哈佛凌晨四點半・高中實踐版

ISBN 978-986-96446-9-3（平裝）
1. 成功法 2. 自我實現
177.2 107008736

Power 016

哈佛第一名的自學法

教孩子面對考試、管理時間、克服失敗的5堂課

作　　者／韋秀英
封面設計／蕭壽佳
內頁排版／思　思
責任編輯／劉又綺
主　　編／皮海屏
圖書企劃／張硯甯
發行專員／劉怡安
會計經理／陳碧蘭
發行經理／高世權、呂和儒
總編輯、總經理／蔡連壽
出 版 者／大樂文化有限公司（優渥誌）
地址：臺北市 100 衡陽路 20 號 3 樓
電話：（02）2389-8972
傳真：（02）2388-8286
詢問購書相關資訊請洽：2389-8972
郵政劃撥帳號／50211045　戶名／大樂文化有限公司

香港發行／豐達出版發行有限公司
地址：香港柴灣永泰道 70 號柴灣工業城 2 期 1805 室
電話：852-2172 6513　傳真：852-2172 4355

法律顧問／第一國際法律事務所余淑杏律師
印刷／韋懋實業有限公司

出版日期／2018 年 6 月 29 日
定價／260 元（缺頁或損毀的書，請寄回更換）
I S B N　978-986-96446-9-3

大樂文化